AF390252

HISTOIRES

DE NAUFRAGES

4ᵉ SÉRIE IN-12.

HISTOIRES

DE

NAUFRAGES

PAR M. ***.

LIMOGES

EUGÈNE ARDANT ET Cⁱᵉ, ÉDITEURS.

AVERTISSEMENT.

La relation qu'on va lire est rédigée sur le journal de M. S. W. Prenties, enseigne dans le 84ᵉ régiment, infanterie, qu'il publia pour la première fois à Londres, en 1782, et dont il s'est fait cinq éditions en dix-huit mois. En conservant avec une scrupuleuse exactitude le fond historique des disgrâces qu'il a éprouvées, j'ai cru devoir chercher à leur prêter un nouvel intérêt par une narration plus vive des événements et par un tableau plus animé des situations où il a fait éclater tant de force d'esprit et de courage. Il serait à désirer qu'un écrivain philosophe choisît dans la foule immense des voyageurs ceux dont les aventures seraient les plus propres à donner du caractère à la jeunesse en frappant fortement son imagination et sa sensibilité. C'est par des traits d'industrie, de constance, et quelquefois même d'une heureuse audace, qu'il faudrait lui montrer les ressources que l'homme trouve toujours en lui-même dans les positions

les plus désespérées. Cette lecture, en la préparant
de bonne heure aux plus étranges accidents qui
peuvent troubler le cours de la vie humaine, lui en
donnerait, en quelque sorte, la première expérience,
et l'animerait, par une noble émulation, à les soutenir avec fermeté.

Mes jeunes lecteurs seront bien aises sans doute
d'apprendre que, sur les témoignages du lord Dal-
rymphe, aide-de-camp du général Clinton, et par
les bons offices de M. Fischer, alors sous-secrétaire
du département de l'Amérique, M. Prenlies a ob-
tenu tous les dédommagements qu'il pouvait désirer pour les souffrances et les pertes qu'il a es-
suyées.

RELATION

D'UN NAUFRAGE

SUR L'ILE ROYALE.

- ⟨←❋→⟩ -

Chargé des dépêches que le général Haldimand, commandant en chef du Canada, m'avait confiées pour le général Clinton, je m'embarquai, le 17 novembre 1780, sur un petit brigantin qui faisait voile de Québec vers New-York. Nous allions de conserve avec une goëlette destinée pour le même endroit, et qui portait un duplicata des dépêches. Après avoir descendu le fleuve Saint-Laurent jusqu'au havre appelé le Trou de Saint-Patrice, dans l'île d'Orléans, nous fûmes retenus dans ce port par un vent contraire qui dura six jours. L'hiver faisait déjà sentir ses premiers frimas, et la glace se forma bientôt à une grande épaisseur sur tous les bords du fleuve par l'âpreté d'un froid rigoureux. Plût au ciel qu'il eût duré quelques jours de plus ! En fermant absolument notre marche, il nous aurait sauvés des malheurs dont le récit va commencer avec celui de notre navigation.

Avant de parvenir à l'embouchure du fleuve, on s'était aperçu que le brigantin faisait une légère voie d'eau. A peine fûmes-nous entrés dans le golfe, que cette voie devint plus considérable; et les deux pompes, malgré leur travail continuel, laissaient toujours deux pieds d'eau dans la cale. D'un autre côté, le froid avait augmenté sa rigueur, et les glaces s'amoncelaient autour du vaisseau jusqu'à nous faire craindre d'en être entièrement environnés. Nous n'avions à bord que dix-neuf personnes, dont six passagers, et les autres, mauvais matelots. Quant au capitaine, de qui nous devions attendre des secours dans une position si fâcheuse, au lieu de veiller à la conservation du navire, il passait le temps à s'enivrer dans sa chambre, sans s'occuper un moment de notre sûreté.

Le vent continuant de souffler avec la même violence, et l'eau s'étant élevée dans la cale jusqu'à la hauteur de quatre pieds, le froid et la lassitude jetèrent le découragement parmi les gens de l'équipage. Tous les matelots, de concert, prirent la résolution de ne plus manœuvrer. Ils abandonnèrent les pompes en témoignant une profonde indifférence sur leur destin, aimant mieux, disaient-ils, couler à fond avec le vaisseau que de s'épuiser d'un travail inutile dans une situation désespérée.

Il faut convenir que depuis plusieurs jours leurs fatigues avaient été excessives et sans aucun intervalle de délassement. L'inaction du capitaine achevait encore de les abattre. Cependant, à force d'encouragements et de promesses, et par une distribution de vin que j'ordonnai fort à propos pour les réchauffer, je parvins à vaincre leur répugnance. L'interruption du travail avait fait entrer un pied d'eau de plus dans la cale; mais leur activité se ranimant par la chaleur de la boisson que je leur faisais donner toutes les demi-heures, ils soutinrent avec tant de constance l'effort de la manœuvre, que l'eau fut bientôt réduite à moins de trois pieds.

Nous étions au 3 décembre. Le vent semblait le jour en jour s'irriter au lieu de s'adoucir. Les fentes du vaisseau allaient toujours en s'agrandissant, tandis que les glaçons attachés à ses côtés augmentaient son poids et gênaient sa marche. Il fallait continuellement casser cette croûte de glace qui menaçait de l'envelopper. La goëlette qui nous suivait, loin de pouvoir lui prêter aucune assistance, se trouvait dans un état encore plus déplorable, ayant donné sur des rochers devant l'île de Coudres, par l'ignorance du pilote. Une neige épaisse

1..

qui vint alors à tomber nous déroba sa vue. Un coup de canon, que nous tirions tour à tour de demi-heure en demi-heure, formait toute notre correspondance. Bientôt nous eûmes la douleur de ne l'entendre plus répondre à ce signal. Elle périt avec les seize personnes de son équipage, sans qu'il nous fût même possible d'apercevoir leur désastre pour chercher à les recueillir.

La pitié que nous inspirait un sort si funeste fut bientôt détournée sur nous-mêmes par l'appréhension d'un nouveau danger. La mer était fort grosse, la neige très épaisse, le froid insupportable, et tout l'équipage abattu. C'est dans cet état que le contre-maître s'écria que nous ne devions pas être éloignés des îles Madeleine, amas confus de rochers, dont les uns élèvent leur tête sur la mer, et dont les autres cachent sous sa surface des pointes déjà fatales à plusieurs vaisseaux. En moins de deux heures nous entendîmes les vagues se briser à grand bruit sur ces rochers ; et bientôt après nous découvrîmes l'île principale appelée *l'Homme mort,* qu'une manœuvre pénible nous fit éviter. Le sentiment du péril n'en devint que plus vif au milieu d'une foule d'écueils dont il y avait peu d'apparence que nous puissions échapper avec le même bonheur, l'épaisseur redoublée de la neige nous permettant à peine

d'étendre notre vue d'un bout à l'autre du vaisseau. Il serait difficile de peindre la consternation et l'effroi dont nous fûmes saisis dans toute
la longueur de ce passage. Mais lorsque nous
l'eûmes franchi, un rayon d'espoir entra dans
le cœur des matelots, qui ne doutèrent plus que
la Providence ne s'intéressât à leur salut, en
considérant le danger dont ils venaient de sortir, et ils reprirent leurs efforts avec une ardeur
nouvelle.

La mer devint plus agitée pendant la nuit,
et le lendemain, vers cinq heures du matin,
une grosse houle fondit sur le vaisseau, enfonça
nos faux sabords et remplit d'eau la cabine.
L'impétuosité des vagues ayant écarté l'étam
bot, nous cherchâmes à boucher les ouvertures
avec du bœuf coupé par tranches ; mais ce faible expédient demeura sans effet, et l'eau continua de nous gagner plus rapidement que jamais. L'équipage effrayé avait suspendu un
moment l'exercice des pompes. Lorsqu'il voulut
le reprendre, il les trouva si fortement gelées,
qu'il était désormais impossible de les faire
jouer.

Nous perdîmes dès ce moment l'espérance
de conserver longtemps le navire, et tous nos
vœux se bornaient à ce qu'il n'enfonçât pas du
moins jusqu'à ce que nous fussions à la portée
de l'île Saint-Jean ou de quelque autre île dans

le golfe, où nous pourrions aborder à l'aide de notre chaloupe. Abandonnés à la merci du vent, nous n'osions entreprendre aucune manœuvre, de peur de causer au vaisseau quelque effort dangereux. Le nouveau poids d'eau qu'il prenait de minute en minute ralentissait sa marche, et les vagues plus rapides dont il brisait la course se redressaient furieuses et venaient se déborder sur le tillac. La cabane où nous nous étions réfugiés ne nous présentait qu'un bien faible abri contre le souffle du vent, et nous garantissait à peine de la violence des houles glacées. A chaque instant nous craignions de voir emporter notre gouvernail, et notre mât se briser. Les mouettes et les canards sauvages que nous entendions voltiger autour de nous témoignaient, il est vrai, que la côte ne devait pas être éloignée; mais ces approches mêmes étaient un sujet de terreur. Comment échapper aux brisants dont elle pouvait être entourée, dans l'impuissance où nous étions de les éviter par aucune manœuvre, et même de les apercevoir à travers le voile de neige dont nous étions enveloppés? Telle était, depuis quelques heures, notre déplorable situation, lorsque, le ciel s'étant tout-à-coup éclairci, nous découvrîmes enfin la terre à trois lieues de distance.

Le sentiment d'allégresse dont nous pénétra son premier aspect fut bien modéré par une vue plus distincte des rochers énormes qui paraissaient s'élever à pic le long de la côte pour nous en repousser. Le vaisseau venait encore d'essuyer des lames violentes, qui l'auraient submergé si sa charge eût été moins légère. Chaque nouvelle secousse nous faisait craindre de le voir s'entr'ouvrir. Notre chaloupe était trop petite pour contenir tout l'équipage, et la mer d'ailleurs trop furieuse pour lui confier un si faible bâtiment. Il semblait que nous n'étions parvenus devant cette terre fatale que pour la rendre témoin de notre perte. Cependant nous en approchions toujours de plus près. Nous n'en étions plus éloignés que d'un mille, lorsque nous découvrîmes avec transport, au détour de ces roches menaçantes, une plage sablonneuse, vers laquelle notre course se dirigeait, sans que l'eau perdît assez sensiblement de sa profondeur pour nous défendre d'en approcher de cinquante à soixante verges avant d'échouer. Le sort de nos vies allait se décider dans quelques minutes. Enfin le navire donna sur le sable avec une violente secousse. Le premier choc fit sauter le grand mât, mais sans aucun accident, et le gouvernail fut démonté d'une telle rudesse, que la barre faillit tuer un des matelots. Les vagues mutinées qui battaient de tous côtés forcèrent la poupe; en sorte que, n'ayant plus d'abri dans la cabane, nous fûmes

obligés de monter sur le pont et de nous tenir
accrochés aux haubans, de peur d'être renver-
sés dans la mer. Au bout de quelques instants,
le vaisseau se releva tant soit peu; mais la
quille était brisée, et la carcasse semblait près
de se disperser. Ainsi toutes nos espérances
furent réduites à la chaloupe, que j'eus une
peine infinie à faire mettre à la mer, tant elle
était hérissée, au-dedans et au-dehors, de larges glaçons dont il fallait la débarrasser. La
plupart des gens de l'équipage s'étant pris de
vin pour tâcher de se débarrasser de l'effroi
dont ils étaient saisis, je fis avaler un verre
d'eau-de-vie à ceux qui étaient restés sobres, et
je leur demandai s'ils voulaient s'embarquer
avec moi dans la chaloupe pour gagner la terre.
La mer était si houleuse qu'il paraissait impossible que notre frêle esquif pût la tenir un moment sans être englouti. Il n'y eut que le contre-
maître, deux matelots et un jeune passager qui
résolurent d'en courir le hasard. Dès le premier instant du péril, j'avais mis mes dépêches
dans un mouchoir noué autour de ma ceinture.
Sans m'occuper alors de mes autres effets, je
saisis une hache et une scie et me jetai dans
le canot, suivi du contre-maître et de mon domestique, qui, plus avisé que moi, sauvait de
mes coffres une bourse de cent quatre-vingts
guinées. Le passager, ne s'étant pas élancé as-

sez loin, tomba dans la mer; et peu s'en fallut que nos mains engourdies par le froid ne fussent incapables de lui prêter le moindre secours. Lorsque les deux matelots furent descendus, ceux qui avaient le plus obstinément refusé de tenter la même fortune nous supplièrent de les recevoir; mais le poids d'un si grand nombre de personnes et le tumulte de leurs mouvements me faisant craindre de chavirer, je donnai l'ordre de s'éloigner du bord du vaisseau. Je ne tardai pas à m'applaudir d'avoir étouffé un sentiment de pitié qui leur aurait été funeste à eux-mêmes. Quoique la terre ne fût éloignée que d'environ cinquante verges, nous fûmes accueillis, à moitié chemin, d'une grosse lame qui remplit à demi le canot, et qui l'aurait infailliblement renversé si la charge eût été pesante. Une seconde vague nous jeta violemment sur le rivage.

La joie de nous trouver enfin à l'abri des périls qui nous avaient tenus si longtemps en de cruelles alarmes nous fit oublier un moment que nous n'étions échappés d'un genre de mort que pour en souffrir probablement un autre plus terrible et plus douloureux. En nous tenant embrassés dans nos premiers transports pour nous féliciter sur notre salut, nous ne pouvions être insensibles à la détresse de nos compagnons que nous avions laissés sur le navire, et dont les cris lamentables se faisaient entendre au milieu du bruit sourd des flots. Ce qui redoublait la douleur où nous plongeait ce sentiment était de ne pouvoir leur prêter aucune espèce de secours. Notre canot, jeté sur le sable par les vagues courroucées, témoignait assez l'impossibilité de rompre leur impulsion pour retourner au vaisseau.

La nuit s'approchait à grands pas, et nous n'eûmes pas resté longtemps sur cette plage glaciale avant de sentir que nous allions être engourdis par le froid. Il fallut nous traîner, à travers la neige qui s'enfonçait sous nos pieds, jusqu'à l'entrée d'un petit bois, environ à deux cents verges du rivage, dont l'abri nous défendit un peu du souffle perçant du nord-ouest. Cependant il nous manquait du feu pour réchauffer nos membres transis, et nous n'avions aucun moyen d'en allumer. La boîte d'amadou que nous avions eu la précaution de prendre dans la chaloupe avait été baignée par la dernière houle que nous venions d'essuyer. Il n'y avait que l'exercice qui pût nous garantir de la gelée, en tenant notre sang en circulation. Mieux instruit que mes compagnons de la nature de ces âpres climats, je leur recommandai de se livrer à un grand mouvement pour repousser le sommeil. Mais

le jeune passager, dont les habits trempés des
eaux de la mer s'étaient roidis en glaçon sur
son corps, ne put résister à la sensation as-
soupissante que donne toujours le froid extrême qu'il éprouvait. Vainement j'employai
tour à tour la persuasion et la force pour le
faire tenir sur ses pieds. Je fus obligé de l'a-
bandonner à son assoupissement. Après avoir
marché pendant une demi-heure, saisi moi-
même d'une si forte envie de dormir que je
me sentais prêt à chaque instant de me laisser
couler à terre pour la satisfaire, je revins à
l'endroit où ce jeune homme était couché. Je
mis la main sur son visage, et le sentant tout
froid, je le fis toucher au contre-maître. Nous
crûmes l'un et l'autre qu'il était mort. Il nous
répondit d'une voix faible qu'il ne l'était pas,
mais qu'il sentait sa fin s'approcher, et il me
supplia, si je lui survivais, d'écrire à son père
à New-York et de l'instruire de son malheur.
Au bout de dix minutes, nous le vîmes expirer
sans aucune souffrance, ou du moins sans de
vives convulsions. J'ai rapporté cet incident
pour montrer l'effet d'un froid violent sur le
corps humain pendant le sommeil, et pour
faire voir que cette mort n'est pas toujours
accompagnée d'un sentiment de douleur aussi
vif qu'on a coutume de le supposer.

Cette leçon effrayante ne fut pas capable

d'engager les autres à combattre le penchant qui les entraînait au sommeil. Trois d'entre eux se couchèrent en dépit de mes exhortations. Voyant qu'il était impossible de les faire tenir debout, j'allai couper deux branches d'arbre, dont je donnai l'une au contre-maître, et toute notre occupation, pendant le reste de la nuit, fut d'empêcher nos compagnons de dormir, en les frappant aussitôt qu'ils fermaient la paupière. Cet exercice ne nous fut pas inutile à nous-mêmes, en même temps qu'il préservait les autres du danger presque certain de mourir.

La lumière du jour, que nous attendions avec une si vive impatience, parut enfin. Je courus avec le contre-maître sur le rivage, pour tâcher de découvrir quelques traces du vaisseau, quoiqu'il nous en restât à peine une faible espérance. Quelle fut notre surprise et notre satisfaction de voir qu'il s'était conservé, malgré la violence du vent, qui semblait avoir dû le briser en mille pièces pendant la nuit! Mon premier soin fut de chercher comment je pourrais faire venir à terre le reste de l'équipage. Le vaisseau, depuis que nous l'avions quitté, avait été poussé par les vagues beaucoup plus près de la côte, et l'espace qui l'en séparait devait encore se trouver plus petit à la basse marée. Lorsqu'elle fut venue, je criai aux gens du vaisseau d'attacher une corde à son bord, pour s'y glisser tout du long l'un après l'autre. Ils adoptèrent cet expédient. En surveillant d'un œil attentif le mouvement de la mer, et saisissant bien le temps de glisser au moment où la vague se retirait, ils descendirent tous sans péril, à l'exception du charpentier. Celui-ci ne jugea pas à propos de se hasarder de cette manière, ou peut-être se trouvait-il incapable d'aucun mouvement, ayant usé pendant la nuit un peu trop librement de sa bouteille. Le salut général était attaché à celui de chacun de nous en particulier, et je me réjouis doublement de voir autour de moi un si grand nombre de mes compagnons d'infortune, que je croyais tous engloutis dans les ondes peu d'heures auparavant.

Le capitaine, avant de descendre, s'était heureusement chargé de tous les matériaux nécessaires pour allumer du feu. La troupe se mit alors en marche vers la forêt, et les uns s'employèrent à couper du bois, les autres à ramasser des branches sèches, dispersées à terre. Bientôt une flamme brillante, qui s'éleva d'un large bûcher, nous fit pousser mille cris joyeux. Si l'on considère le froid extrême que nous avions souffert si longtemps, aucune jouissance ne pouvait être égale à celle de la chaleur d'un bon brasier. C'était à qui s'en approcherait de plus près pour ranimer ses membres engourdis. Mais cette jouissance fut suivie, pour la plupart, des douleurs les plus cruelles, aussitôt que l'ardeur de la flamme pénétra les parties de leur corps mordues par la gelée. Le contre-maître et moi étions les seuls qu'elle eût respectés, à cause de l'exercice, que nous avions fait dans la nuit. Tous les autres en avaient été plus ou moins attaqués, soit dans le vaisseau, soit à terre. Les mouvements convulsifs qu'arrachait à ces malheureux la violence des tortures qu'ils éprouvaient, seraient trop horribles à exprimer.

Lorsque nous vînmes à faire la revue de notre troupe, j'observai qu'il manquait un passager, nommé le capitaine Grenn. J'appris qu'il s'était endormi à bord du vaisseau et qu'il avait été gelé mortellement. Nos inquiétudes se renouvelèrent au sujet du charpentier resté sur le navire. La mer roulant toujours avec la même fureur, il était impossible d'envoyer la chaloupe à son secours. Nous fûmes obligés d'attendre le retour de la basse marée, et nous lui persuadâmes enfin de venir à terre de la même manière que les autres; ce qu'il ne put faire qu'avec une extrême difficulté, réduit comme il l'était à la plus grande faiblesse, et gelé dans presque toutes les parties de son corps.

La nuit vint, et nous la passâmes un peu

mieux que la précédente. Cependant, malgré le soin que nous prenions d'entretenir toujours un grand feu, nous avions beaucoup à souffrir de la rigueur du vent, qui soufflait à découvert sur nous. L'épaisseur des arbres pouvait à peine nous défendre de la neige, qui semblait se précipiter à grands flots sur notre feu pour l'éteindre. En pénétrant nos habits d'humidité du côté exposé à la flamme, elle nous formait sur le dos une couche épaisse, qu'il fallait continuellement secouer avant qu'elle se durcît en glaçon. Le sentiment aigu de la faim, nouvelle misère que nous avions jusqu'alors ignorée, vint encore se joindre à celui du froid, que nous avions tant de peine à soutenir.

Deux jours s'écoulèrent, pendant lesquels chaque instant ajoutait au souvenir cruel de nos maux passés la terreur d'un avenir plus affreux. Enfin, le vent et la mer qui s'étaient accordés pour nous interdire l'approche du vaisseau, renouvelèrent leurs efforts réunis pour le briser. Nous en fûmes avertis par le bruit qu'il fit en éclatant. Nous courûmes vers le rivage, et nous vîmes déjà flotter une partie de la cargaison, que l'impétuosité des ondes entraînait hors de ses flancs outr'ouverts. Par bonheur, la marée portait une partie des débris sur la plage. Armés de longues perches et des

rames de notre canot, nous allions le long du
sable, attirant tout ce qui s'offrait de plus utile
à notre portée. C'est ainsi que nous parvînmes
à sauver quelques barils de bœuf salé et une
quantité considérable d'oignons, que le capitaine avait pris à bord pour les vendre. Nos
soins se portèrent aussi sur les planches qui se
détachaient du vaisseau, et qui pouvaient servir à nous construire une cabane. On en recueillit un grand nombre, qui furent traînées
dans le bois pour être aussitôt employées à
leur destination. Cette entreprise n'était pas
aisée. Il en était peu d'entre nous qui fussent
en état d'y travailler. Cependant l'heureux succès de la journée animant notre courage, et la
nourriture que nous avions prise soutenant
nos forces, l'ouvrage se trouva fort avancé à
a chute du jour. La lueur de notre feu nous
mit en état de le continuer dans les ténèbres,
et, vers les dix heures du soir, nous eûmes une
cabane longue d'environ vingt pieds et large de
six, assez solide, grâce aux arbres qui la sou-
tenaient de distance en distance, pour résister
à la force du vent, mais pas assez close pour
nous mettre entièrement à l'abri de la froidure

La journée suivante et celle du surlendemain
furent employées soit à perfectionner notre édi-
fice, soit à recueillir, pendant la haute marée,
ce qu'elle nous apportait du vaisseau, soit à

dresser l'inventaire de nos provisions, pour en répartir l'usage entre nous sur une juste mesure. Il n'avait pas été possible de sauver du biscuit, entièrement détrempé dans l'eau de mer. Il fut décidé que chaque personne, en santé ou malade, serait réduite à un quart de livre de bœuf et à quatre oignons par jour, aussi longtemps que ceux-ci pourraient durer. Cette faible ration, à peine suffisante pour s'empêcher de mourir de faim, était tout ce que l'on pouvait se permettre, dans l'incertitude du temps qu'il faudrait peut-être passer sur cette côte déserte.

Le 11 décembre, sixième jour de notre naufrage, le vent s'adoucit, et nous laissa la liberté de mettre notre chaloupe à flot pour aller chercher ce qui pouvait rester dans le navire. Une grande partie de la journée fut perdue à briser à coups de hache la glace épaisse qui couvrait le pont et qui fermait les écoutilles. Le lendemain nous réussîmes à retirer un petit baril contenant cent vingt livres de bœuf salé, deux caisses d'oignons, trois bouteilles de baume de Canada, une de patates, une bouteille d'huile, qui nous devint très utile pour les plaies des matelots, une seconde hache, un grand pot de fer, deux marmites et environ douze livres de chandelle. Ce renfort précieux nous mit en état, le jour suivant, d'ajouter quatre oignons de plus à notre ration journalière.

Nous retournâmes encore à bord le 14, pour
chercher les voiles, dont une partie nous servit
à couvrir notre cabane et à la rendre impéné-
trable à la neige. Ce même jour, les plaies de
ceux qui avaient le plus souffert de la gelée et
qui avaient négligé de se frotter de neige commencèrent à se mortifier. Leurs jambes, leurs
mains et toutes les autres parties de leurs membres affectées se dépouillèrent de leur peau,
avec des douleurs intolérables. Le charpentier,
qui était descendu le dernier à terre, avait perdu
la plus grande partie de ses pieds, et, dans la
nuit du 14, le délire le prit. Il resta dans le
même état jusqu'au lendemain, où la mort le
délivra de sa misérable existence. Trois jours
après, notre second contre-maître mourut de
la même manière, ayant été en délire quelques
heures avant d'expirer : ce qui arriva également
le surlendemain à un matelot. Nous couvrîmes
leurs cadavres de neige et de branches d'arbres, n'ayant ni pioche ni bêche pour leur
creuser une fosse ; et quand nous en aurions
été pourvus, la terre était durcie à une trop
grande profondeur pour céder à ces instruments.

Toutes ces pertes, qui réduisaient notre
troupe à quatorze personnes, nous causèrent
un médiocre chagrin, soit pour eux, soit pour
nous-mêmes. En considérant notre déplorable

condition, la mort nous paraissait un bienfait plutôt qu'une disgrâce; et, lorsqu'un sentiment naturel nous ramenait à l'amour de la vie, chacun de nous en particulier ne pouvait regarder ses compagnons que comme autant d'ennemis armés par la faim pour lui ravir sa subsistance. En effet, si quelques-uns n'avaient payé le tribut à la nature, nous aurions été bientôt dans l'horrible nécessité de périr de faim ou de nous égorger et de nous dévorer les uns les autres. Sans en être encore réduits à cette affreuse alternative, notre situation était si misérable, qu'il semblait impossible qu'aucune nouvelle calamité pût en accroître l'horreur. Le sentiment continuel d'un froid rigoureux et d'une faim pressante, la douleur des plaies de a gelée irritées par le feu, les plaintes des souffrants, le désordre et la malpropreté qui nous rendaient un objet de dégoût pour nous-mêmes autant que pour les autres, toutes les images du désespoir rassemblées autour de nous, et dans la perspective une mort lente et cruelle, au milieu d'une région désolée, loin des consolations du sang et de l'amitié; telle est la faible peinture des maux que notre cœur ressentait à chaque instant des longs jours et des éternelles nuits.

Nous étions souvent sortis, le contre-maître et moi, pour voir si nous pourrions découvrir quelques vestiges d'habitation dans la contrée. Nos courses ne pouvaient être longues et n'avaient jamais été suivies d'aucun succès. Nous résolûmes un jour de nous avancer plus avant dans le pays, en remontant les bords d'une rivière glacée. Il s'offrait de temps en temps à nos yeux des traces d'orignal ou d'autres animaux, qui nous faisaient sentir vivement le regret d'être dépourvus d'armes et de poudre pour les chasser. Un léger espoir vint flatter un moment nos esprits. En suivant la direction de quelques arbres entamés du même côté par la hache, nous arrivâmes dans un endroit où des Indiens devaient avoir passé depuis peu, puisque leur wigwam y restait encore, et que l'écorce qu'on y avait employée paraissait toute fraîche. Une peau d'orignal, que nous trouvâmes tout près suspendue au bout d'une perche, confirmait nos conjectures. Nous parcourûmes avec empressement tous les environs, mais, hélas! sans aucun fruit. Il nous resta cependant quelque satisfaction de penser que cet endroit avait eu ses habitants ou ses voyageurs, et qu'ils pourraient bientôt y revenir. Frappé de cette idée, je coupai une longue perche, et, l'enfonçant sur le bord de la rivière, j'y attachai un morceau d'écorce de bouleau, après l'avoir taillé en forme de main, avec le doigt indicateur étendu et tourné vers notre

cabane. Je crus aussi devoir emporter la peau
d'orignal, afin que les sauvages, à leur tour,
pussent comprendre que quelques personnes
étaient passées en cet endroit depuis qu'ils
l'avaient quitté, et démêler, à la faveur de notre
signal, la route qu'elles avaient suivie. L'approche de la nuit nous força de reprendre le
chemin de notre habitation, et nous redoublâ-
mes le pas, pour communiquer plus tôt à nos
compagnons de si agréables nouvelles. Quelque
faibles que fussent les espérances qu'il était
raisonnablement permis de concevoir de cette
découverte, je vis que mon récit leur donnait
une vive consolation : tant un instinct bienfai-
sant de la nature porte les malheureux à saisir
tout ce qui peut adoucir le sentiment de leurs
peines.

Plusieurs jours s'écoulèrent dans l'attente de
voir à chaque instant paraître les Indiens devant notre cabane. Peu à peu ces douces idées
s'affaiblirent ; elles ne tardèrent pas enfin à
s'évanouir. Quelques-uns de nos malades, entre autres le capitaine, avaient commencé,
dans cet intervalle, à recouvrer leurs forces,
et nos provisions diminuaient à vue d'œil. Je
proposai le dessein où j'étais de quitter l'habitation avec tous ceux qui seraient en état de
manœuvrer dans la chaloupe, pour aller à la
découverte le long de la côte. Ce projet reçut

une approbation générale; mais, lorsqu'il fallut
s'occuper des moyens de l'exécuter, une nouvelle difficulté se présenta : c'était de pouvoir
réparer le canot, battu par la mer contre le
sable avec une telle furie, que toutes les join-
tures s'étaient écartées. On avait bien assez
d'étoupes pour boucher les fentes; malheureusement le goudron manquait pour les recou-
vrir. Et le moyen d'y suppléer! Il ne s'en présentait aucun à notre esprit, lorsque j'imaginai
tout-à-coup de faire servir à cet usage le baume
de Canada que nous avions sauvé. L'épreuve
était facile. J'en versai quelques bouteilles dans
notre pot de fer, que j'exposai sur un grand
feu. En la retirant fréquemment pour la laisser
refroidir, j'eus bientôt réduit la liqueur à une
juste consistance. Mes compagnons, pendant
ce temps, avaient retourné le canot et l'avaient
bien débarrassé du sable et des glaçons. Je fis
remplir d'étoupe toutes les crevasses, je les en-
duisis de mon calfat, et j'eus le plaisir de voir
qu'il produisait à merveille l'effet que j'en avais
attendu.

Ce premier succès nous anima d'une ardeur
plus vive pour continuer nos préparatifs. Un
morceau de toile, ajusté sur une perche dressée
de manière à pouvoir se lever ou s'abattre à
volonté, nous promit une voilure assez forte
pour soulager, dans un vent doux et favorable

le travail de nos rameurs. Parmi les gens de
l'équipage, il y en avait peu d'assez bien réta-
blis pour soutenir les fatigues que nous devions
prévoir dans cette expédition. On me choisit
pour la conduire, avec le capitaine, le contre-
maître, deux matelots et mon domestique. Ce
qui restait de vivres fut divisé, selon le nombre
de personnes, en quatorze parts égales, sans
que l'excès des travaux que nous allions entreprendre pour la cause commune pût nous faire
adjuger une portion plus forte qu'à ceux qui
devaient rester paisiblement dans la cabane.
C'est avec cette misérable ration d'un quart de
livre de bœuf par jour pour six semaines, un
frêle esquif, revêtu d'un enduit incertain, que
la moindre vague, le moindre souffle de vent
pouvait renverser, le moindre écueil mettre en
pièces; c'est au milieu des masses énormes de
glaces flottantes, sur une plage inconnue,
semée de rochers, et pendant la saison la plus
rigoureuse de l'année, qu'il fallait tenter une
entreprise dont un désespoir aveugle avait pu
seul inspirer le projet. Mais nous en étions à
ce point, qu'il était moins téméraire d'affronter
tous les dangers possibles, à la plus faible lueur
d'espérance, que de s'exposer, par une lâche
inaction, au danger presque inévitable de périr
abandonnés de la nature entière.

L'année 1781 venait de s'ouvrir. Notre des-

sein était de partir le jour suivant, 2 janvier.
Un vent fougueux du nord-ouest nous retint
jusqu'à l'après-midi du 4. Son impétuosité
s'étant alors abattue, nous embarquâmes nos
provisions, avec quelques livres de chandelle,
ainsi que tous les petits effets qui pouvaient
nous être utiles, et nous prîmes congé de nos
compagnons, dans l'incertitude cruelle si ce ne
seraient pas nos derniers adieux. Nous n'avions
guère couru plus de huit milles, lorsque le
vent, tournant au sud-est, contraria notre
marche, et nous contraignit d'aborder, à force
de rames, dans une large baie qui nous présentait un asile favorable pour la nuit. Notre
premier soin fut de débarquer nos vivres et de
transporter la chaloupe assez avant sur la plage
pour que la mer ne pût l'endommager. Il fallut
ensuite allumer du feu et couper du bois pour
l'entretenir jusqu'au lendemain. Les branches
de pin les plus menues furent employées à former notre lit, et les plus grosses à nous construire à la hâte une espèce de wigwam, pour
nous mettre de notre mieux à l'abri des injures
de l'air.

En faisant notre petit repas, je remarquai
sur le rivage quelques pièces de bois que le flux
y avait jetées et qui paraissaient avoir été
taillées par la hache. Je voyais aussi de longues perches façonnées autrefois de main

d'homme. Cependant aucune autre marque d'habitation ne se montrait à nos regards. Il s'élevait, à deux milles de distance, une colline dépouillée d'arbres, avec quelques traces de défrichement. J'engageai deux de mes compagnons à m'y suivre avant la fin du jour, pour pouvoir embrasser de sa hauteur un horizon plus étendu. En marchant le long de la baie, nous reconnûmes un bateau de pêcheur de Terre-Neuve à demi brûlé, dont les restes étaient ensevelis dans le sable. Cet objet nous donna de nouvelles espérances, et nous fit redoubler de vitesse pour gravir la colline. Parvenus au sommet, quelle ne fut pas notre satisfaction d'apercevoir de l'autre côté quelques édifices éloignés d'un mille tout au plus ! L'intervalle qui nous en séparait fut bientôt franchi, malgré notre lassitude. Nous arrivâmes palpitants d'espoir et de joie ; mais ces douces émotions furent au même instant dissipées. En vain nous parcourûmes tous les bâtiments ; ils étaient déserts. C'étaient des magasins pour la préparation de la morue, qui, selon les apparences, avaient été abandonnés plusieurs années auparavant. Le triste fruit de cette course fut cependant de nous confirmer toujours dans l'idée de trouver quelques habitations en continuant de tourner autour de l'île.

Le vent, qui avait repassé au nord-ouest, vint

le lendemain nous retenir par la crainte du
choc des glaçons qu'il poussait dans les courants. Depuis trois jours il régnait avec la
même fureur. M'étant réveillé dans la nuit, je
fus étonné d'entendre ses sifflements aigus,
sans que la mer y joignît, comme à l'ordinaire,
le bruit sourd de ses vagues. J'interrompis le
sommeil du contre-maître, pour lui faire part
de ce phénomène. Curieux d'en connaître la
cause, nous courûmes vers le rivage. La lune
nous éclairait de ses rayons. Aussi loin que
notre vue put s'étendre, leur funeste clarté
nous fit apercevoir la surface des eaux immobiles sous les chaînes de la glace, qui s'élevait
à divers endroits en monceaux d'une prodi
gieuse hauteur. Comment vous peindre le sentiment de tristesse qui s'empara de nos cœurs
à cet aspect? Ne pouvoir pousser plus loin
notre course, ni regagner notre première cabane, qui nous aurait mieux défendus de l'â-
preté redoublée du froid! Jusqu'à quand devait
durer cette funeste situation? Deux jours s'é
coulèrent au milieu de ces réflexions désolan-
tes. Enfin, le 9, le vent tomba. Il se releva le
lendemain au sud-est, et souffla d'une telle
force, que toutes les glaces qui nous bloquaien
dans la baie se brisèrent à grand bruit et furent balayées dans la haute mer, en sorte qu'il
n'en restait plus le long de la côte vers les
quatre heures de l'après-midi.

En rompant les chaînes qui nous arrêtaient,
le tyran des airs nous en forgeait d'autres par
sa violence. Ce ne fut qu'au bout de deux jours
qu'elle se modéra. Une brise légère soufflant
alors le long du rivage, notre chaloupe fut
mise à la mer, notre voile dressée; et déjà
nous nous étions avancés d'un cours assez favorable, lorsque nous aperçûmes, à quelques
lieues dans le lointain, une pointe de terre ex-
trêmement élevée. La côte jusque-là paraissait
ne former qu'une ceinture si continue de
rochers escarpés, qu'il était impossible de tenter aucun débarquement avant d'avoir atteint
ce cap éloigné. Cependant il était dangereux
de risquer une aussi longue course. La chaloupe venait de faire une voie d'eau qui occupait constamment deux hommes à la vider.
Ainsi nous ne pouvions employer que deux
rames; encore la faiblesse où nous étions réduits par nos chagrins et par le défaut de nourriture nous permettait à peine de soutenir
cette légère manœuvre. Qu'allions-nous devenir
si le vent venait à tourner au nord-ouest? Il
devait infailliblement nous briser contre les
rochers. Heureusement le danger n'était plus
pour nous un objet digne de considération, et
le vent seconda si bien notre constance, que
nous parvînmes au cap environ à onze heures
de la nuit. La place ne s'étant point trouvée

commode pour aborder, nous fûmes encore obligés de longer la côte jusqu'à deux heures du matin, lorsque le vent devenu plus fort nous ôta la liberté de choisir un endroit favorable. Il fallut descendre, ou plutôt gravir, avec mille peines, sur une plage pierreuse, sans qu'il fût possible de mettre notre chaloupe à l'abri des flots qui menaçaient de la briser contre les rochers.

L'endroit où nous étions débarqués était une baie peu profonde, renfermée du côté de la terre par des hauteurs inaccessibles, mais ouverte sur la mer au vent du nord-ouest, dont rien ne pouvait nous garantir. Le vent, qui s'éleva le 13, jeta notre chaloupe sur un banc rocailleux, l'endommagea dans plusieurs parties. Cet accident ne fut qu'un léger prélude à de nouvelles misères. Environnés de rochers insurmontables, qui nous empêchaient d'aller chercher un abri dans les bois; réduits, pour toute couverture, à notre voile hérissée de glaçons; ensevelis durant plusieurs jours sous un déluge de neige qui s'était amoncelée autour de nous à la hauteur de trois pieds, nous n'avions, pour alimenter notre feu, que des branches et des débris de troncs d'arbres, qui se trouvèrent par hasard jetés sur le rivage. Cette déplorable situation dura jusqu'au 21, où le temps se radoucit; mais il n'était plus en notre pouvoir d'en profiter.

Comment réparer notre chaloupe, ouverte de plusieurs crevasses? Après avoir médité les divers moyens qui se présentèrent à notre esprit, et les avoir rejetés comme impraticables, toutes nos pensées se tournèrent à chercher notre salut d'un autre côté.

Quoiqu'il fût impossible d'escalader le mur de rochers qui nous entourait de toutes parts, cependant, si nous étions dans la nécessité de renoncer à l'usage de notre chaloupe, il nous vint dans l'idée que nous pourrions du moins nous avancer le long du rivage, en marchant sur la glace, devenue assez forte pour supporter notre poids. Je résolus, avec le contre-maître, d'en faire l'épreuve. Nous partîmes aussitôt, et, au bout de quelques milles, nous parvînmes à l'embouchure d'une rivière bordée d'une plage sablonneuse, où nous aurions pu conserver notre chaloupe et vivre avec beaucoup moins de désagréments, si notre bonne fortune nous y eût conduits. Cette découverte, en faisant naître nos regrets, n'étendait pas bien loin nos espérances. Il était à la vérité facile de pénétrer de là dans les bois; mais fallait-il s'enfoncer au hasard en des lieux sauvages pour aller à la recherche d'un canton habité? Par quels moyens diriger notre course à travers la noire épaisseur de la forêt? et surtout comment traîner ses pas sur la neige, dont la terre était chargée à la hauteur de six pieds, et que le moindre dégel pouvait ramollir? Après avoir tenu conseil à notre retour, il fut décidé que notre seule ressource était de charger sur notre dos ce qui nous restait d'effets utiles et de provisions, et d'aller le long de la côte, où il était plus naturel d'espérer qu'il se trouverait enfin quelques familles de pêcheurs ou de sauvages. Le temps paraissait devoir encore tenir à la gelée, et le vent ayant balayé dans la mer la plus grande partie de la neige qui couvrait les glaces de ses bords, nous pouvions nous flatter de faire environ dix milles par jour, même dans l'état de langueur où nos forces étaient tombées.

Cette résolution ayant été arrêtée d'une voix unanime, nous eûmes bientôt fait nos préparatifs. Notre projet était de partir le 24 au matin; mais dans la nuit qui le précéda, le vent tourna tout-à-coup au sud-est, accompagné d'une grosse pluie; en sorte que peu d'heures après, cette croûte de neige, qui la veille paraissait si solide, fut entièrement fondue, et toute la lisière de glaçons détachée du rivage. Plus de chemins ouverts pour sortir de cette plage désastreuse où nous étions renfermés. Dans ces cruelles réflexions, nos regards se

tournaient quelquefois vers la chaloupe, que
nous avions été souvent tentés de mettre en
pièces pour entretenir notre feu, n'osant plus
en attendre aucun autre service. Il nous restait
encore assez d'étoupe pour remplir les nouvelles crevasses; mais le baume de Canada
avait été tout à fait épuisé par nos réparations
journalières, et rien ne s'offrait à notre imagination pour le remplacer.

Cependant le froid revint le surlendemain.
Sa rigueur dans la nuit me fit concevoir une
idée que je me hâtai d'essayer aussitôt que le
jour parut : c'était de répandre de l'eau sur
l'étoupe qui bouchait les fentes, et de l'y laisser
geler en forme d'enduit d'une certaine épaisseur. Mes compagnons se moquaient de mon
entreprise et ne se prêtaient qu'avec répugnance à me seconder. Un moyen aussi simple
me réussit cependant au-delà de mon espoir.
Toutes les ouvertures se trouvèrent par là si
bien fermées, qu'on en vint à croire que l'eau
ne pourrait y pénétrer aussi longtemps que la
gelée serait aussi forte que dans ce moment.

Nous en fîmes une heureuse expérience le
lendemain 27. Quoique la chaloupe fût devenue
fort lourde et très difficile à manier, par la
quantité de glace dont elle était revêtue, elle
avait fait dans la journée environ douze milles
du lieu de notre départ. Ce nouveau service

nous la rendit plus précieuse, et nous eûmes le soin de la transporter sur nos rames dans l'endroit le plus favorable à sa sûreté. Une épaisse forêt, qui s'élevait dans le voisinage, nous offrait deux biens dont nous avions été privés durant tant de nuits, un léger abri contre le souffle glacial du vent, et du bois en abondance pour entretenir un grand feu qui nous réchauffât dans notre sommeil. Cette double jouissance fut pour nous le comble des voluptés. Notre provision d'amadou étant presque consommée, je fus obligé de la renouveler en brûlant une partie de ma chemise, la même que j'avais toujours portée depuis la perte de mes équipages.

Le lendemain, une ondée de pluie fondit malheureusement toute la glace de notre chaloupe, et nous eûmes le chagrin de perdre l'avantage d'une journée favorable, qui aurait pu nous avancer de plusieurs milles dans notre course. Il fallut se résoudre à attendre le retour de la gelée; et ce qui augmentait notre impatience et nos regrets, c'est que nos provisions se trouvaient maintenant réduites à deux livres et demie de bœuf pour chacun.

La gelée n'ayant repris que dans l'après-midi du 29, la longueur inévitable de nos préparatifs ne nous permit pas de faire plus de sept milles avant la nuit. Un vent très fort qui nous surprit le jour suivant, dans le commencement de notre route, nous obligea de relâcher sans avoir fait plus de deux lieues. Le dégel nous retint à terre jusqu'au surlendemain, le 1er février, où un froid excessif nous fournit l'occasion de réparer notre chaloupe; mais les glaçons flottants étaient si considérables qu'ils occupaient sans cesse l'un de nous à les briser avec une perche; et ce ne fut que par le travail le plus fatigant que nous vînmes à bout de faire cinq milles avant la chute du jour.

Notre navigation fut plus heureuse le 3. Le vent soufflait dans une direction aussi favorable que nous aurions pu le désirer. Quoique la chaloupe fît une voie d'eau qui employait une partie de nos bras à la tarir, nous courûmes d'abord quatre milles par heure avec le secours de nos rames, et bientôt cinq avec notre seule voile. Vers deux heures de l'après-midi, nous eûmes pleinement en vue un cap très élevé, qui, selon notre estime, ne devait être éloigné que de trois lieues. Sa prodigieuse hauteur nous trompait sur sa distance. Il était presque nuit lorsque nous parvînmes à l'atteindre. En le doublant, notre course prenait une direction différente de celle qu'elle avait été dans la journée, en sorte qu'elle nous obligea de baisser les voiles et de prendre nos rames. Le vent se trouvait alors souffler du côté de la terre.

Nos efforts étaient bien faibles pour le combattre, et, sans un courant venant du nord-est, qui nous soutint un peu contre son impulsion, nous courions le risque d'être emportés pour jamais dans la haute mer.

La côte, hérissée de rochers, étant en cet endroit trop dangereuse pour y descendre, il nous fallut ramer avec mille périls, dans les ténèbres et le long des écueils, jusqu'à cinq heures du matin. Incapables alors de soutenir une plus longue manœuvre par l'épuisement de nos forces, nos yeux se fermèrent sur les dangers du débarquement, et le ciel le fit réussir, sans autre accident que d'avoir notre chaloupe jetée à demi pleine d'eau sur le rivage. L'entrée des bois n'était pas éloignée ; cependant nous eûmes beaucoup de peine à nous y traîner et à dresser du feu pour nous dégourdir et pour sécher nos habits. Tel était l'accablement où nous avaient plongés la fatigue et l'insomnie, qu'il nous fut impossible de résister au sommeil lorsque notre feu commençait à s'allumer. Nous étions obligés de nous éveiller tour à tour pour l'entretenir, de peur qu'il ne s'éteignît pendant que nous serions tous endormis à la fois, et que la gelée ne nous frappât de mort dans cet assoupissement. A mon réveil, j'eus occasion de me convaincre, par les observations que je fis sur le rivage, de

ce que j'avais soupçonné pendant la route,
savoir que cette pointe de terre élevée que nous
venions de doubler était le cap nord de l'île
Royale, qui, avec le cap Roy, sur l'île de Terre-
Neuve, marque l'entrée du golfe Saint-Laurent.

La douce certitude de nous trouver sur une
île habitée nous aurait flattés de l'espérance de
rencontrer enfin du secours en continuant notre voyage, si nous avions eu de quoi pourvoir
à notre subsistance pendant tout le temps qu'il
pouvait durer. Mais nos provisions étaient
près de finir, et cette perspective nous jetait
dans le désespoir. Il ne se présentait à notre
esprit que des idées d'une mort prochaine, ou
des moyens affreux pour la reculer. En tournant les yeux les uns sur les autres, il semblait
que chacun fût prêt à marquer la victime qu'il
fallait dévouer à la faim de ses bourreaux.
Déjà même quelques-uns d'entre nous étaient
convenus d'en remettre le choix à la décision
aveugle du sort. Heureusement l'exécution de
cet affreux projet fut remise à la dernière extrémité.

Pendant que mes compagnons s'occupaient
à vider la chaloupe du sable dont la marée
l'avait remplie et à boucher ses fentes en ver-
sant sur l'étoupe de l'eau qu'ils y laissaient
geler, j'allai le long du rivage avec le contre-
maître pour chercher des huîtres, dont on

apercevait une quantité d'écailles dispersées. Il ne s'en trouva par malheur aucune de pleine. Nous aurions regardé comme une grande fortune de rencontrer quelques cadavres de bêtes sauvages à demi dévorés par des oiseaux de proie ; mais tous ces débris étaient ensevelis sous la neige. Rien qui pût nous offrir les plus vils aliments. C'était peu que la destinée nous eût jetés sur une côte déserte : il fallait, pour combler notre misère, qu'elle eût choisi la plus affreuse saison, lorsque non-seulement la terre refusait ses productions naturelles à notre subsistance, mais encore lorsque les animaux qui peuplent les deux éléments nourriciers de l'homme s'étaient réfugiés dans leurs grottes ou dans leurs repaires, pour se préserver du froid rigoureux qui désole ces inhabitables climats.

Je craindrais de porter un sentiment trop pénible dans les âmes à qui notre situation a pu inspirer jusqu'à ce moment une tendre pitié, si je peignais dans toute leur horreur les maux que nous eûmes à souffrir les jours suivants. Réduits, pour seule nourriture, à des fruits secs d'églantier déterrés sous la neige et à quelques chandelles de suif que nous avions réservées pour notre dernière ressource ; oppressés de fatigue au moindre effort ; contrariés dans notre navigation par les glaces, les pluies

ou les vents ; animés quelquefois d'une légère
espérance pour retomber bientôt après dans
un plus cruel désespoir ; navrés de sensations
louloureuses de toutes ces détresses réunies
pour nous accabler de leur poids insupportable à chaque instant du jour et de la nuit : voilà
quel fut notre état jusqu'au 17, où, succombant
ie faiblesse, nous descendîmes à terre pour la
dernière fois, résolus de périr en cet endroit,
si le ciel ne nous envoyait quelque secours im-
prévu. Mettre notre chaloupe en sûreté sur la
plage aurait été une entreprise trop au-dessus
de notre pouvoir. Elle resta livrée à la fureur
des vagues, après que nous en eûmes retiré
tristement nos outils et la voile qui nous servait de couverture. Nos dernières forces furent
employées à balayer la neige de la place que
nous avions choisie, à la relever tout autour en
talus, pour y planter des branches de pin des-
tinées à nous former un abri, enfin à couper et
à mettre en pile autant de bois qu'il nous fut
possible, pour entretenir notre feu, dans la
crainte d'être bientôt hors d'état de faire usage
de nos instruments.

Quelques poignées de fruits d'églantier
oouillis dans la neige fondue furent, pendant
les premiers jours, l'unique soutien de notre
vie. Ils vinrent à nous manquer, et nous regardions comme un bonheur de pouvoir y sup-

pléer par des plantes marines qui croissaient
sur le rivage. Après les avoir fait bouillir plusieurs heures de suite, sans qu'elles eussen*
perdu beaucoup de leur dureté, je mis fondre
dans le jus une des deux seules chandelles qui
nous restaient. Ce bouillon dégoûtant et ces
herbes coriaces assouvirent d'abord notre
faim; mais peu d'instants après nous fûmes
saisis d'un vomissement terrible, sans avoir la
force de pouvoir débarrasser notre estomac.
Cette crise dura environ quatre heures, au
bout desquelles nous fûmes un peu soulagés,
mais pour tomber dans un épuisement absolu.

Il fallut cependant recourir le lendemain à
la même nourriture, qui opéra comme la veille,
seulement avec un peu moins de violence. Nous
avions employé notre dernière chandelle. Nous
fûmes réduits, pendant trois jours, à nous con
tenter de ces herbes dures et grossières, qui
nous causaient des nausées chaque fois que
nous les portions à la bouche. Dans le même
temps, nos jambes commencèrent à s'enfler.
Cette bouffissure s'étendit à tel point sur tout
le corps, que, malgré le peu de chair que nous
avions conservé, nos doigts, par la moindre
pression, s'enfonçaient à la profondeur de plus
d'un pouce sur notre peau, et l'empreinte en
subsistait encore une heure après. Nos yeux
semblaient comme ensevelis dans des cavités

profondes. Engourdis par la dissolution inté-
rieure de notre sang et par les âpres frimas qui
nous enveloppaient, à peine avions-nous la force
de ramper tour à tour pour aller attiser notre
feu presque éteint ou ramasser quelques branches dispersées sur la neige. C'est alors que le
souvenir de mon père, qui m'avait toujours
suivi au milieu des plus pressants dangers, vint
s'offrir avec un nouvel attendrissement à mon
cœur, en se mêlant à l'idée de mon trépas. Je
me le représentais, ce tendre père, inquiet d'a-
bord sur mon compte, dans la première attente
de mes nouvelles ; accablé ensuite de chagrin,
lorsque le temps s'écoulerait sans lui en apporter ; enfin, condamné à pleurer, pendant tous
les jours de sa vieillesse, sur la perte de son
fils. Je pleurais moi-même de mourir si loin de
ses bras, sans recevoir sa dernière bénédic-
tion. A ces touchantes pensées, interrompues
par les gémissements poussés autour de moi,
succédaient des projets barbares, que l'instinct
naturel de la vie m'inspirait pour la soutenir.
Ces malheureux compagnons de mon infortune,
dont les travaux m'avaient jusqu'alors secouru,
ne me paraissaient plus qu'une proie pour as-
souvir ma faim. Je lisais les mêmes sentiments
dans leurs regards avides. Je ne sais où nous
auraient conduits ces féroces dispositions,
lorsque tout-à-coup les accents d'une voix hu-

maine se firent entendre dans la forêt. Au même
instant nous découvrîmes deux Indiens armés
de fusils, qui ne semblaient pas nous avoir encore aperçus. Cette apparition subite, ranimant
notre courage, nous donna la force de nous lever et de nous avancer vers eux avec toute la
promptitude dont nous étions capables.

Aussitôt que nous fûmes en leur présence,
ils s'arrêtèrent comme si leurs pieds eussent
été cloués à la terre. Ils nous regardaient fixe-
ment, immobiles de surprise et d'horreur. Outre l'étonnement où devait naturellement les
jeter la rencontre imprévue de six étrangers
dans ce coin de l'île déserte, notre seul aspect
était bien capable de glacer le plus intrépide.
Nos habits traînants en lambeaux, nos yeux
éteints sous la bouffissure de nos joues livides,
l'enflure monstrueuse de tous nos membres,
notre barbe hérissée et crépue, nos cheveux
flottant en désordre sur nos épaules, tout devait nous donner une apparence effrayante.
Cependant, à mesure que nous avancions, mille
sentiments heureux se peignaient sur nos traits.
Les uns versaient de douces larmes, les autres
souriaient de joie. Quoique ces signes paisi-
bles fussent propres à rassurer un peu les Indiens, ils ne témoignaient pas encore la moindre inclination à nous appprocher; et certes
le dégoût répandu sur toutes nos personnes

justifiait assez leur froideur. Je pris donc le parti de m'avancer vers celui qui se trouvait le plus près de moi, en lui tendant une main suppliante. Il la prit et la secoua très cordialement, façon de saluer employée parmi ces sauvages.

Ils commencèrent alors à nous donner quelques marques de compassion. Je leur fis signe de venir vers notre feu. Ils nous accompagnèrent en silence et s'assirent auprès de nous. L'un d'eux, qui parlait en français corrompu, nous pria dans cette langue de l'informer d'où nous venions et quel hasard nous avait amenés en cet endroit. Je me hâtai de lui rendre un compte aussi succinct qu'il me fut possible des infortunes et des souffrances que nous avions éprouvées. Comme il me parut assez vivement touché de mon récit, je lui demandai s'il pourrait nous fournir quelques provisions. Il me répondit que oui; mais, voyant notre feu près de s'éteindre, il se leva brusquement et saisit notre hache, qu'il fut un moment à considérer en souriant, j'imagine, du mauvais état où elle se trouvait. Il la rejeta d'un air de mépris pour prendre celle qui était à son côté. En un clin d'œil il eut abattu une grande quantité de branches, qu'il jeta sur notre feu; puis il ramassa son fusil, et, sans dire un seul mot, il s'en alla avec son compagnon.

Une retraite si soudaine aurait pu donner de l'inquiétude à ceux qui ne connaissent pas l'humeur des Indiens; mais je savais que ces peuples parlent rarement, lorsqu'ils n'y voient pas une nécessité absolue. Ainsi je ne doutai point qu'ils ne fussent allés nous chercher des provisions, et j'assurai ma troupe alarmée que nous ne tarderions guère à les recevoir. Malgré le besoin que nous devions avoir de nourriture, la faim n'était pas, du moins pour moi, le plus pressant. Le bon feu que nous avaient fait les sauvages remplissait en ce moment tous mes désirs, ayant passé tant de jours à souffrir d'un froid rigoureux, auprès de la flamme languissante de notre misérable foyer.

Trois heures s'étaient écoulées depuis le départ des Indiens, et mes compagnons désolés commençaient à perdre l'espérance de les revoir, lorsqu'enfin nous les aperçûmes au détour d'une pointe de terre avancée, qui ramaient vers nous dans un canot d'écorce. Bientôt ils descendirent sur le rivage, chargés d'une grosse pièce de venaison fumée et d'une vessie pleine d'huile de poisson. Ils firent bouillir la viande dans notre pot de fer avec de la neige fondue; et lorsqu'elle fut cuite, ils eurent l'attention de ne nous en donner qu'en petite quantité, avec un peu d'huile, pour prévenir les suites dangereuses qu'aurait   .   voracité, dans l'état de faiblesse où notre estomac se trouvait réduit.

Ce léger repas étant fini, ils me firent embarquer avec deux de mes compagnons dans leur pirogue, trop petite pour nous emmener tous à la fois. Leur habitation n'était éloignée que de cinq milles. Nous fûmes reçus, en débarquant, par trois Indiens et une douzaine de femmes ou enfants qui nous attendaient sur le bord de la mer. Tandis que ceux de la pirogue retournaient chercher le reste de notre troupe, les autres nous conduisirent vers leurs cabanes ou wigwams, qui s'élevaient au nombre de trois, pour le même nombre de familles, à l'entrée de la forêt. Nous fûmes traités par ces bonnes gens avec la plus douce hospitalité. Ils nous firent avaler d'une espèce de bouillon, mais sans vouloir nous permettre, malgré nos prières, de manger de la viande ou de prendre aucun aliment trop substantiel.

Je ressentis une joie bien vive lorsque la pirogue revint et nous ramena nos trois compagnons. Nous goûtions à nous trouver réunis parmi ces sauvages, même après une séparation si courte, les sentiments qu'éprouvent des amis d'enfance, qui, après avoir longtemps gémi éloignés l'un de l'autre, se retrouvent au sein de leur patrie. Cette hutte nous paraissait un lieu de délices. Les transports que nous fai-

sions éclater intéressèrent en notre faveur une
femme très âgée, qui témoigna beaucoup de
curiosité d'apprendre nos aventures. Je fis un
détail plus circonstancié que le premier à l'Indien qui pouvait entendre le français. Il le rendit aux autres dans son langage. Pendant le
cours de son récit, j'eus occasion d'observer
que les femmes en étaient vivement affectées,
et je fondais sur cette impression l'espoir d'un
traitement favorable pendant notre séjour.

Après avoir satisfait aux premiers besoins,
nos pensées se tournèrent vers les malheureux
que nous avions laissés à l'endroit de notre
naufrage. La détresse sous laquelle nous avions
été près de succomber me faisait craindre pour
eux un sort plus funeste. Cependant, quand un
seul d'entre eux aurait survécu, j'étais résolu
de n'omettre aucune tentative pour son salut.
Je tâchai de bien désigner aux sauvages le quar-
tier de l'île où nous avions été jetés, et je leur
demandai s'il ne serait pas possible d'y porter
des secours.

Sur la description que je leur fis du cours de
cette rivière la plus voisine et d'une petite île
que l'on découvrait à peu de distance de son
embouchure, ils répondirent qu'ils connais-
saient à merveille cette place; qu'elle était éloignée d'environ cent milles, par des routes très
difficiles dans les bois; qu'il y avait des riviè-

res et des montagnes à franchir pour y pénétrer,
et que, s'ils entreprenaient le voyage, ils devaient s'attendre à quelque récompense pour
leurs fatigues. Il n'était pas raisonnable d'exiger
qu'ils suspendissent leur chasse, le seul moyen
qu'ils ont de faire vivre leurs femmes et leurs
enfants, pour entreprendre une course pénible
par un pur motif de bienveillance envers des
inconnus. Quant à ce qu'ils disaient de la distance, elle ne me paraissait pas exagérée, puisque j'estimais, par mes propres calculs, que
nos courses le long des rivages n'avaient guère
été au-dessous de cent cinquante milles. Je
leur dis alors, ce dont il ne m'était pas encore
venu dans l'esprit de leur parler, que j'avais de
l'argent, et que, s'il était de quelque prix à leurs
yeux, j'en emploierais une partie à les payer de
leur peine. Ils semblèrent fort contents de cette
proposition, et me demandèrent à voir ma
bourse. Je la pris des mains de mon domestique pour leur montrer les cent quatre-vingts
guinées qu'elle contenait. J'observai sur leurs
traits, à la vue de cet or, des sentiments que
j'étais bien loin d'attendre d'un peuple sauvage;
les femmes surtout le regardaient avec une extrême avidité; et, lorsque je leur eus fait pré-
sent d'une guinée à chacune, js les vis pousser
un grand éclat de rire; ce qui est le signe par
lequel les Indiens expriment les mouvements
extraordinaires de leur joie.

Quelque exorbitantes que pussent être leurs prétentions, je n'avais rien à ménager pour sauver mes compatriotes, s'il en restait quelqu'un en vie. Nous conclûmes un accord par lequel ils s'engageaient à se mettre en route dès le jour suivant, et moi à leur donner vingt-cinq guinées à leur départ, et la même somme à leur retour. Ils s'occupèrent aussitôt à faire des souliers propres à marcher sur la neige, soit pour nos matelots qu'ils devaient ramener, soit pour eux-mêmes ; et le lendemain de bonne heure ils partirent, après avoir reçu l'argent que nous étions convenus.

Dès le moment où les sauvages eurent vu de l'or dans mes mains, ma situation perdit tous les charmes qu'elle devait à leur hospitalité. Ils devinrent aussi avides qu'ils avaient été jusqu'alors généreux, exigeant dix fois la valeur des moindres choses qu'ils nous fournissaient à mes compagnons ou à moi. Je tremblais d'ailleurs que cette passion excessive pour l'argent, qu'ils avaient prise dans leur commerce avec les Européens, ne les portât à nous dépouiller et à nous laisser dans la déplorable situation dont nous étions sortis par leur secours. Le seul motif sur lequel je fondais l'espérance d'un traitement plus humain était la religion qu'ils avaient embrassée, ayant été convertis au christianisme par les jésuites français, avant

que cette île nous fût cédée avec le Canada. Ils
témoignaient l'attachement le plus vif pour leur
foi nouvelle, et souvent ils nous étourdissaient
dans la soirée par leur triste psalmodie. C'était
sur mon domestique qu'ils avaient réuni toutes
leurs affections, parce qu'il était catholique
irlandais et qu'il se joignait à leurs prières,
quoiqu'il n'en entendît pas un seul mot. Je
doute fort qu'ils fussent en état de s'entendre
eux-mêmes ; car leurs chants, ou leurs hurle-
ments, pour mieux dire, étaient dans un jargon
confus, mêlé de mauvais français et de leur
idiome sauvage, avec quelques bouts de phra-
ses latines qu'ils avaient retenues de la bouche
de leurs missionnaires.

Ces insulaires ont dans leur figure et dans les
mœurs des traits généraux de ressemblance
avec les sauvages du continent de l'Amérique ;
cependant leur langage est très différent de celui de toutes les nations ou tribus que j'ai
connues. Ils en diffèrent aussi dans l'usage de
laisser croître leur chevelure ; ce qui est particulier aux femmes seules parmi les Indiens du
continent. Ils ont d'ailleurs pour les liqueurs
spiritueuses ce goût violent, si universel parmi
les sauvages.

Nous passâmes bien des jours encore avant
de recouvrer nos forces et de pouvoir digérer
quelque nourriture substantielle. La seule que

les Indiens fussent en état de nous procurer était de la chair d'orignal et de l'huile de veau marin, dont ils vivent uniquement pendant la saison de la chasse. Quoique le souvenir de tant de misères passées dût nous faire bénir le changement de notre situation et prêter des agréments à notre séjour parmi les sauvages, je me sentais fort empressé de les quitter, à cause des dépêches que l'on m'avait confiées, et qui pouvaient être de la plus grande importance pour le service de l'Etat ; d'autant plus que je ne pouvais ignorer que le duplicata s'était perdu dans le naufrage de la goëlette. Cependant j'étais encore dans une telle langueur, qu'il me fut impossible, pendant quelque temps, de faire le moindre exercice ; et j'éprouvai, ainsi que les compagnons de mes disgrâces, combien une atteinte si rude à la constitution était difficile à réparer.

Après une absence d'environ quinze jours, les Indiens revinrent avec trois de nos gens, les seuls que la mort eût épargnés parmi les huit personnes que j'avais laissées dans la cabane. Ils nous apprirent qu'après avoir consommé toutes les provisions, ils avaient subsisté, pendant quelques jours, de la peau d'orignal que nous avions dédaigné de partager avec eux ; que cette dernière ressource étant épuisée, trois étaient morts de faim, et que les autres avaient

été dans l'horrible nécessité de se nourrir de
leurs cadavres, jusqu'à l'arrivée des Indiens;
que l'un des cinq qui restaient s'était livré avec
tant d'imprudence à sa voracité, qu'il était
mort au bout de quelqu's heures en des tourments inexprimables; enfin qu'un autre s'était
tué par accident, en maniant les armes d'un
sauvage. Ainsi notre troupe, composée d'abord
de dix-neuf personnes, se trouvait alors réduite à neuf; et j'admire, toutes les fois que j'y
pense, qu'une seule en eût pu réchapper, après
avoir eu à combattre, durant l'espace de trois
mois, toutes les misères combinées du froid, de
la fatigue et de la faim.

Le délabrement de nos forces nous retint en
ce triste lieu quinze jours encore, pendant lesquels je fus contraint, comme auparavant, de
payer le prix le plus excessif pour notre nourriture et pour nos moindres besoins. Au bout
de ce temps, ma santé se trouvant un peu ré-
tablie et ma bourse presque épuisée, je me crus
obligé de sacrifier mes convenances person-
nelles au devoir de mon service, et je résolus
de porter mes dépêches au général Clinton avec
toute la diligence dont j'étais capable, quoique
ce fût la saison de l'année la moins propre à
voyager. En conséquence, j'engageai deux Indiens à me conduire dans Halifax, moyennant
quarante guinées que je leur payerais en y arri-

vant. Je me chargeai de plus de leur fournir sur la route toutes les provisions et tous les rafraîchissements convenables dans chaque partie habitée où nous pourrions passer. D'autres Indiens devaient conduire le reste de notre troupe à un établissement sur la *rivière Espagnole*, où ils resteraient jusqu'au printemps, pour attendre une occasion de gagner par mer Halifax. Je fournis au capitaine tout l'argent nécessaire à sa subsistance et à celle de ses matelots, pour une lettre de change qu'il me donna sur son armateur à New-York. Celui-ci ne rougit point dans la suite de m'en refuser le payement, sous prétexte que le navire étant perdu, ni le capitaine ni l'équipage n'avaient plus rien à prétendre.

Je partis le 2 avril, accompagné de deux Indiens, de mon domestique et de M. Winslow, jeune passager de notre vaisseau, l'un des trois qui avaient survécu dans la cabane. Nous emportions chacun quatre paires de souliers indiens, une paire de souliers à neige, et des provisions pour quinze jours. Nous arrivâmes le soir dans un endroit que les Anglais nomment *Broad-Oar*, où une chute orageuse de neige nous retint tout le jour suivant. Nous repartîmes le 4, et, après une marche d'environ quinze milles, nous parvînmes sur les bords d'un très beau lac salé, nommé le lac Saint-

Pierre, dont l'extrémité va communiquer en pointe avec la mer. En cet endroit nous fîmes la rencontre de deux familles indiennes qui allaient à la chasse. Je leur achetai pour quatre guinées un canot d'écorce, mes guides m'ayant prévenu qu'il nous serait souvent nécessaire pour traverser quelques parties du lac qui ne gèlent jamais. Comme nous devions en d'autres parties voyager sur la glace, je fus obligé d'acheter aussi deux traîneaux pour y placer le canot et le tirer après nous.

Après avoir goûté deux jours de repos et nous être munis de nouvelles provisions, nous reprîmes notre marche le 7, en la dirigeant pendant quelques milles le long des bords du lac; mais la glace étant mauvaise, il nous fallut quitter cette route pour en prendre une dans les bois. La neige s'y trouvait élevée de six pieds. Un dégel mêlé de pluie, qui survint le lendemain, la rendit si molle, qu'il nous fut impossible de marcher plus longtemps sur sa surface. Nous fûmes donc obligés de nous arrêter. Un grand feu, un wigwam commode et des provisions abondantes nous aidèrent à supporter ce contre-temps fâcheux, sans dissiper toutefois nos inquiétudes. L'hiver était trop avancé pour espérer de voyager longtemps sur la neige sans le retour fortuit de la gelée, et, si elle ne devait plus revenir, le seul parti qui nous restait était d'attendre que le lac fût entièrement débarrassé de ses glaçons ; ce qui pouvait nous retenir encore quinze jours ou trois semaines. Notre situation, dans ce cas, devenait aussi malheureuse que celle où nous avions été réduits, par notre naufrage, excepté que la saison était moins rude, que nous étions un peu mieux fournis de munitions, et que nous avions au moins des armes pour les renouveler.

Heureusement la gelée revint le 12, et nous crûmes devoir profiter de cette faveur dès le lendemain. Notre marche fut, ce jour-là, de six lieues, tantôt sur les glaces flottantes, tantôt sur notre pirogue. Le 14, nos provisions étant presque toutes consommées, je proposai d'aller à la poursuite du gibier, qui me paraissait abonder dans ce canton. Les sauvages, en général, ne songent guère qu'aux besoins du jour, sans se mettre en peine de ceux du lendemain. Cette prévoyance pouvait cependant être bien essentielle, puisqu'une fonte soudaine de neige nous eût empêchés de sortir. J'allai dans les bois avec un de mes guides, et nous fûmes bientôt sur la trace d'un orignal, que mon Indien atteignit au bout d'une heure de chasse. Il l'ouvrit avec beaucoup d'adresse, recueillit le sang dans la vessie et dépeça le corps en grands quartiers, dont une partie fut portée sur nos épaules jusqu'à la pirogue. Nous en-

voyâmes chercher le reste par l'autre Indien,
mon domestique et M. Winslow. Cette expédition nous valut un renfort de provisions assez
considérable pour n'avoir plus la crainte d'en
manquer dans le cas où un dégel subit nous
eût empêchés de continuer notre route sur le
lac ou dans les bois. Le 15 au matin nous partîmes de très bonne heure et nous fîmes six
lieues dans la journée, ce qui abattit tellement
nos forces, déjà épuisées par de longues souffrances, qu'il nous fut impossible de nous remettre en marche le lendemain. La fatigue nous
retint encore jusqu'au 18, où nous reprîmes
notre voyage de la même manière, c'est-à-dire
partie sur les glaces flottantes, et partie sur la
pirogue, dans les endroits où le lac n'était pas
gelé. J'eus alors l'occasion d'observer les beau-
tés de ce lac, un des plus beaux que j'aie vus en
Amérique, quoique cette saison de l'année ne
fût pas propre à le faire paraître avec tous ses
avantages. Il est couvert d'un nombre infini de
petites îles répandues çà et là sur sa surface,
qui lui donnent un air de ressemblance avec le
célèbre lac de Killarney et d'autres lacs d'eau
douce en Irlande. On n'a jamais formé d'établissements sur ces îles. Cependant le sol en
paraît très fertile, et leur séjour devrait être
délicieux en été, si l'on pouvait se procurer de
l'eau douce, dont elles manquent absolument,

ce qui est sans doute la raison pour laquelle elles ne sont pas habitées. Si les glaces du lac eussent été continues et plus solides, nous aurions pu nous épargner bien du temps et des peines en marchant directement d'une pointe à une pointe et d'une île à l'autre, au lieu que, presque à chaque baie, nous étions obligés de nous enfoncer en de longs détours.

Le 20, nous arrivâmes à un endroit appelé Saint-Pierre, où se trouve un établissement de quelques familles anglaises et françaises. Je dois à la reconnaissance de faire mention de M. Cavanaugh, négociant anglais, dont nous fûmes reçus avec toutes sortes de politesses, et qui, sur le récit de mes malheurs, eut la confiance de m'avancer deux cents livres sterling pour une lettre de change que je lui donnai sur mon père, quoique notre nom lui fût entièrement étranger.

J'aurais pris à Saint-Pierre un bâtiment de pêcheur pour me rendre à Halifax, sans la crainte de tomber entre les mains des corsaires américains dont ces parages étaient alors infestés. Le lac, en cet endroit, n'était séparé de la mer que par une forêt d'environ un mille de largeur, il ne fut question que de traîner notre pirogue à travers cet espace pour gagner le rivage et nous embarquer. Après nous être arrêtés les jours suivants en divers endroits peu remarquables, nous arrivâmes le 25 à Narrashoc, où nous fûmes accueillis avec la même hospitalité qu'à Saint-Pierre. Nous en partîmes e 26, dans notre pirogue, pour nous rendre à 'île Madame, située presque au milieu du passage de Canseau, par lequel l'île du Cap-Breton est séparée de l'Acadie ou Nouvelle-Ecosse.

Mais, à la pointe de cette île, nous découvrîmes une si grande quantité de glaces flottantes, qu'il eût été de la dernière imprudence d'y hasarder notre fragile nacelle. Nous retournâmes donc à Narrashoc, où je frétai un bâtiment plus capable de leur résister. Je fis mettre à bord la pirogue, et le 27, à l'aide du vent le plus favorable, nous franchîmes en trois heures le passage, et nous débarquâmes au Canseau, qui lui donne son nom. Ensuite, après une navigation de dix jours le long des côtes, notre pirogue nous porta jusque dans le port d'Halifax.

Les Indiens, ayant reçu le prix dont nous étions convenus et les présents par lesquels je crus devoir satisfaire ma reconnaissance envers ceux à qui j'étais redevable du salut de ma vie, nous quittèrent au bout de quelques jours pour s'en retourner dans leur île. Comme il fallut attendre longtemps encore l'occasion d'un vaisseau, j'eus la satisfaction, pendant cet intervalle, de voir arriver mes compagnons d'infor-

tune, que les autres Indiens s'étaient chargé
de conduire par la *rivière Espagnole*. Enfin,
après deux mois d'attente, je m'embarquai sur
le vaisseau nommé *le Chêne royal*, et j'arrivai
à New-York, où je remis au général Clinton
mes dépêches tardives, dans l'état le plus dé-
labré.

NAUFRAGE DES CANOTS DE LA BOUSSOLE.

En 1788.

Parlons de l'infortuné La Pérouse. Les dernières nouvelles que nous ayons eues de cet
illustre navigateur datent du commencement
de l'année 1788, époque où il se trouvait à
Botany-Bay dans l'Océanie, et d'où il annon-
çait devoir partir au milieu de mars pour
remonter aux îles des Amis. « Je ferai absolu-
» ment tout ce qui m'est enjoint par mes ins-
» tructions, écrivait-il alors au ministre de la
» marine, de manière à ce qu'il me soit possi-
» ble d'arriver en décembre à l'Ile de France. »
Toutes les recherches faites avec le plus grand
soin, en suivant exactement l'itinéraire de ce
voyageur, ne laissent aucun doute que lui et
ses compagnons n'aient péri dans le trajet de
Botany-Bay aux îles des Amis.

Louis XVI lui avait confié la direction d'une

campagne de découvertes dans l'intérêt de la science et du commerce ; les frégates LA BOUSSOLE et L'ASTROLABE formaient l'expédition : La Pérouse commandait la première, et le commandement de la seconde avait été confié au capitaine Delangle, l'un des officiers les plus distingués de la marine française.

Ils partirent du port de Brest le premier août 1785, et en parcourant les côtes d'Amérique, ils relâchèrent dans un beau port qu'ils découvrirent les premiers, et qu'ils nommèrent PORT DES FRANÇAIS. Voulant sonder la passe avant d'appareiller de ce mouillage, on chargea de cette opération le lieutenant Descures, de LA BOUSSOLE, et les frères La Borde de Marchainville, officiers de L'ASTROLABE ; ils montèrent chacun leurs canots respectifs, avec quelques matelots ; et quelques officiers de LA BOUSSOLE, ayant à leur tête le lieutenant Boutin, se firent une partie de plaisir de les accompagner dans un troisième canot.

« Quatre heures après le départ des embarcations, dit La Pérouse, je vis revenir celle
» que commandait M. Boutin. Un peu surpris,
» parce que je ne l'attendais pas sitôt, je de-
» mandai à cet officier, avant qu'il fût monté
» à bord, s'il y avait quelque chose de nou-
» veau ; je craignais, dans le premier instant,
» quelque attaque des sauvages. L'air de

» M. Boutin n'était pas propre à me rassurer ;
» la plus vive douleur était peinte sur son vi-
» sage. Il m'apprit bientôt le naufrage affreux
» dont il venait d'être témoin, et auquel il n'a-
» vait échappé que par la fermeté de son ca-
» ractère, qui lui avait permis de voir toutes
» les ressources qui restaient dans un si extrê-
» me péril.

Il avait été entraîné au milieu des brisants
en suivant le lieutenant Descures ; et La Pérouse décrit les habiles manœuvres par les-
quelles cet officier préserva son embarcation
du péril le plus imminent. « Plus occupé du
» salut de ses camarades que du sien propre,
» continue l'illustre capitaine, M. Boutin par-
» courut le bord des brisants dans l'espoir de
» sauver quelqu'un ; il s'y engagea même, mais
» il fut repoussé par la marée ; enfin il monta
» sur les épaules d'un officier, afin de décou-
» vrir un plus grand espace. Vain espoir ! tout
» avait été englouti... Il rentra, conservant
» quelque espérance pour le canot de l'Astro-
» labe ; il n'avait vu périr que le nôtre. Hélas!
» le malheur était beaucoup plus grand qu'il
» ne pensait : au moment où cet affreux évé-
» nement arriva, le deux frères La Borde
» étaient à un grand quart de lieue du danger,
» c'est-à-dire dans une mer aussi parfaitement
» tranquille que celle du port le mieux fermé.

» mais voyant l'extrême péril de leurs compa-
» gnons, et ne calculant pas celui auquel ils
» allaient s'exposer eux-mêmes, ils volent à
» leur secours, se jettent dans les mêmes bri-
» sants, et s'y engloutissent avec eux, victimes
» du plus généreux dévouement ! » Vingt-et
une personnes périrent dans cet affreux désastre, qui causa le chagrin le plus extrême au
bon et sensible La Pérouse.

Parmi les autres aventures dont La Pérouse
a donné connaissance, nous en citerons deux :
la première est agréable : c'est la réception
flatteuse qui lui fut faite à Kamtschatka par le
lieutenant russe Kaboro, qui commandait au
havre de Saint-Pierre-Saint-Paul. On fit ca-
deau aux officiers de superbes fourrures en
peaux de martre-zibeline, de renne et de re-
nard ; toutes les maisons leur furent ouvertes ;
chacun les recevait avec joie et empressement ;
le colonel Kosloff, gouverneur de la contrée,
se rendit près d'eux, et il voulut leur donner
le plaisir d'un bal. « Si l'assemblée ne fut pas
» nombreuse, dit le célèbre voyageur, elle fut
» au moins extraordinaire : treize femmes vê-
» tues d'étoffes de soie, dont dix Kamtschada-
» les, avec de gros visages, de petits yeux et
» des nez plats, étaient assises sur des bancs
» autour de l'appartement ; les Kamtschadales
» avaient, ainsi que les Russes, des mouchoirs

» de soie qui leur enveloppaient la tête, à peu
» près comme les femmes mulâtres de nos co-
» lonies. On commença par les danses russes,
» dont les airs sont très agréables; les danses
» kamtschadales leur succédèrent. Elles étaient
» à peine finies, qu'un cri de joie annonça l'ar-
» rivée du courrier d'Okotsk, qui était le chef-
» lieu du gouvernement. »

Que l'on juge du ravissement de toute l'assemblée. Ce courrier apportait des dépêches
de la cour de France, et la promotion de La
Pérouse au grade de chef d'escadre. Hélas! cet
illustre navigateur ne devait pas jouir longtemps
de cette élévation nouvelle, ainsi que de la
brillante perspective inhérente à son mérite.

Suivons-le maintenant à Mahouna, une des
îles des Navigateurs dans le grand Océan, où
il s'arrêta pour renouveler sa provision d'eau.
« Dans ce pays charmant, dit La Pérouse, des
» arbres à pain, des cocos, des goyaves (poire
» des Indes), des oranges, présentaient à ces
» peuples fortunés une nourriture saine et
» abondante ; des poules, des cochons qui vi-
» vaient de l'excédant de ces fruits, leur of-
» fraient une agréable variété de mets. Ils
» nous avaient vendu plus de deux cents pi-
» geons ramiers privés, qui ne voulaient man-
» ger que dans la main; ils avaient aussi
» échangé des tourterelles et des perruches

» les plus charmantes, aussi privées que les
» pigeons. Quelle imagination ne se peindrait
» le bonheur dans un séjour aussi délicieux !
» Ces insulaires, disons-nous, sont sans doute
» les plus heureux habitants de la terre : en-
» tourés de leurs femmes et de leurs enfants,
» ils coulent au sein du repos et de l'abon-
» dance des jours purs et tranquilles, ils n'ont
» d'autres soins que celui d'élever des oiseaux,
» et, comme le premier homme, de cueillir,
» sans aucun travail, les fruits qui croissent
» sur leurs têtes. Nous nous trompions ; ce
» beau séjour n'était pas celui de l'innocence.»
Soixante-et-un hommes des équipages de la
Boussole et de l'Astrolabe descendirent dans
cette île sous la direction du capitaine Delangle;
l'air de tranquillité et de douceur des naturels
qui abordaient le rivage lui inspira d'autant
plus de sécurité qu'il y avait un grand nombre
d'entre eux qui s'étaient approchés des frégates
dans leurs pirogues pour commercer. Mais
quand M. Delangle fit embarquer son monde
dans les chaloupes, après avoir fait des présents
aux chefs des Indiens, il arriva que ceux qui
n'avaient rien reçu se montrèrent turbulents,
au point d'entrer dans la mer pour suivre les
chaloupes, tandis que d'autres leur lançaient
des pierres du rivage.

« Comme les chaloupes étaient échouées

» un peu loin de la grève, dit La Pérouse, les
» Français avaient été obligés de se mettre
» dans l'eau jusqu'à la ceinture pour y arriver,
» et dans ce trajet plusieurs soldats avaient
» mouillé leurs armes. Ce fut dans ce moment
» critique que commença une scène d'horreur
» affreuse à raconter. A peine était-on entré
» dans les chaloupes, que M. Delange donna
» l'ordre de les déchouer et de lever le grappin.
» Il s'était posté en avant avec un détache-
» ment, défendant de tirer avant qu'il en eût
» donné l'ordre positif. Il sentait néanmoins
» qu'il y serait bientôt forcé; déjà les pierres
» commençaient à voler de toutes parts, et
» ses soldats faisaient de vains efforts pour
» écarter les insulaires qui entouraient les
» chaloupes à moins d'une toise de distance.
» Si la crainte de commencer les hostilités
» et d'être accusé de barbarie n'eût arrêté
» l'infortuné Delangle, il se fût sans doute dé-
» barrassé de cette multitude d'Indiens, en or-
» donnant de faire sur elle une décharge de
» mousqueterie; mais il se flattait de la conte-
» nir sans effusion de sang, et il fut victime
» de son humanité; car bientôt une grêle de
» pierre lancées avec autant de force que
» d'adresse fondit sur les chaloupes : alors
» le combat de part et d'autre devint géné-
» ral. Ceux des soldats dont les fusils étaien'

» en état de tirer renversèrent plusieurs des as-
» saillants ; mais les autres, loin d'en être in-
» timidés, semblèrent redoubler d'acharne-
» ment et de vigueur. Presque tous les hom-
» mes qui se trouvaient dans les chaloupes
» furent atteints. Le malheureux Delangle
» n'eut que le temps de tirer ses deux coups
» de fusil ; il fut renversé dans la mer, où plus
» de deux cents Indiens le massacrèrent sur-
» le-champ à coups de massues et de pier-
» res...

» La chaloupe de LA BOUSSOLE, commandée
» par M. Boutin, était échouée à deux toises
» de L'ASTROLABE, et elles laissaient parallèle-
» ment entre elles un petit canal qui n'était
» pas occupé par les Indiens : ce fut par là
» que se sauvèrent tous les blessés qui eurent
» le bonheur de ne pas tomber du côté du
» large ; ils gagnèrent nos canots, qui très
» heureusement étant restés à flot, se trouvè-
» rent à portée de sauver quarante-neuf hom-
» mes sur les soixante-et-un qui composaient
» l'expédition. Ils arrivèrent à bord et nous
» apprirent cet événement désastreux. M. Bou-
» tin avait cinq blessures à la tête et une à
» l'estomac. Nous avions dans ce moment au-
» tour de nous cent pirogues où les naturels
» vendaient des provisions avec une sécurité
» qui prouvait leur innocence ; mais c'étaient

» les compatriotes de ces barbares assassins,
» et j'avoue que j'eus besoin de toute ma rai-
» son pour contenir la colère dont j'étais ani-
» mé ; et, pour empêcher nos équipages de les
» massacrer, je fis tirer un seul coup de canon
» à poudre, pour avertir les pirogues de s'é-
» loigner. Une petite embarcation partie de la
» côte leur fit part sans doute de ce qui venait
» de se passer, car en moins d'une heure il n'en
» resta pas une seule en notre vue. »

C'est de ce lieu funeste que La Pérouse par-
tit pour se rendre à Botany-Bay. Précédemment
il avait pris connaissance de Quelpaert, île de
la mer Jaune, dont l'aspect lui avait paru ra-
vissant ; mais il s'était bien gardé d'y aborder,
sachant que les naturels cherchent à y retenir
esclave tout Européen qui a le malheur de
tomber en leur pouvoir.

EXPÉDITIONS DE CASSARD EN AFRIQUE ET EN AMÉRIQUE.

Parti de Toulon pour aller attaquer les Portugais et les Hollandais jusque dans leurs co-
lonies, Cassard se dirigea d'abord vers San-
Yago, il entra dans le port de la Praga, et avant
d'en attaquer le fort, il envoya sommer le gouverneur de se rendre. Cet officier, n'ayant pas

jugé à propos de se défendre, évacua la place,
qui sur-le-champ fut occupée par un détache-
ment de Français. De là Cassard marcha avec
le reste de ses troupes sur Ribeira, capitale de
l'île. Le gouverneur de cette place, sommé de
l'évacuer, obéit promptement, et promit de la
racheter moyennant une contribution de trois
cent cinquante mille livres. Mais il ne tint point
parole, et Cassard, pour l'en punir, fit sauter
les forts, encloua un grand nombre de canons,
en embarqua dix-sept de fonte, enleva deux cents
barils de poudre, toutes les cloches de la
ville, et tout ce qui s'y trouva de marchandises.

Ribeira, ainsi dépouillée, fut incendiée et
entièrement dévorée par les flammes. Emme-
nant ensuite deux navires portugais qui se trouvaient dans la rade, Cassard fit voile pour la
Martinique, où il radouba ses vaisseaux et fut
renforcé par une escadre de flibustiers. Il se
remit en mer, et prit de vive force ou par ca-
pitulation les îles anglaises de Montferrat et
d'Antigoa, la ville de Surinam dans la Guiane
Hollandaise, et l'île de Saint-Eustache, appar-
tenant aux Hollandais. Après ces expéditions
qui lui avaient déjà valu des sommes considérables, Cassard assembla son conseil et lui
proposa d'aller s'emparer de Curaçao. Les dif-
cultés de cette entreprise épouvantèrent les
officiers, qui, d'une commune voix, lui décla-

rèrent qu'il compromettrait inutilement la
gloire dont il venait de se couvrir, s'il se ha-
sardait à attaquer une île défendue par d'excel-
lentes fortifications, par une artillerie formi-
dable et par une garnison hollandaise plus considérable que les troupes dont il pouvait dis-
poser. Mais Cassard : « — Plus les difficultés
sont grandes, leur dit-il, plus il y a de gloire à
les surmonter. Nos succès passés nous ont
conduits ici, et sont un présage assuré de celi
que nous allons avoir. J'espère tout de votre
courage, espérez tout du mien ; marchons à
l'ennemi. » Ce peu de paroles raniment dans
tous les cœurs le courage qu'y avait glacé l'appréhension du péril. On attaque Curaçao ; l'on
y combat de part et d'autre avec une rare intrépidité, et Cassard trouve encore le moyen
d'effacer par sa valeur celle que font éclater à
l'envi et ses compagnons et ses adversaires.
Enfin il est réduit, par le défaut de munitions,
à accepter, pour le rachat de la ville, une somme de six cent mille livres. Le total des béné-
fices que toutes ces expéditcns avaient valus
tant à lui-même qu'à sa petite armée, fut porté
par-là à plus de neuf millions, mais cependant
bien inférieur à la gloire que de si beaux faits
d'armes firent rejaillir sur la France et sur celui
dont les talents et l'intrépidité savaient ajouter
ainsi à l'honneur de notre pavillon.

FIN DE RELATION D'UN NAUFRAGE.

NAUFRAGE DE LA NATHALIE,

Le 29 mai 1826.

Obéissant à ce sentiment naturel qui fait trouver à l'homme quelques charmes dans le souvenir des malheurs qu'il a essuyés, je vais tâcher de raconter le naufrage auquel j'ai miraculeusement survécu.

Dire tous les dangers qui m'ont environné, toutes les douleurs physiques et morales qui ont pesé sur moi et sur les deux matelots compagnons de mon infortune, ce serait impossible. Jamais situation n'a été aussi déchirante. L'imagination la plus vive ne saurait s'en représenter toute l'horreur.

Le navire *la Nathalie,* du port de Granville, mit à la voile pour la pêche de la morue, à l'île de Terre-Neuve, le 25 avril 1826. J'étais second sur ce navire.

Notre traversée fut d'abord assez heureuse. Mais par le 51° 3' de latitude nord et le 56° 58' de longitude ouest, nous rencontrâmes des glaces flottantes. C'était le 29 mai. Nous voguions avec peu d'air. Une glace que nous abordâmes creva le bâtiment. L'eau entrait à grands flots. Ce fut alors une consternation, un désordre, une confusion inexprimables. Ici une stupeur profonde, un désespoir affreux. Un malheureux père avait son fils très jeune encore; il le tenait

entre ses bras, et dans l'égarement de sa raison, il criait de toutes ses forces : « Où est
mon fils? Oh! de grâce, rendez-moi mon fils;
que du moins en périssant je le presse sur mon
cœur. »

Le bâtiment s'enfonçait avec une effroyable
rapidité. Il fallut renoncer à l'espérance. Tous
levaient au ciel des mains suppliantes, faisaient
des prières et des vœux, quand, sur les huit
heures du soir, le navire disparut!.... Avec lui
disparurent, hélas! pour jamais, la plupart des
infortunés qui le montaient. Des soixante-qua-
torze hommes qui formaient notre équipage,
dix-sept se sauvèrent dans le canot, qui ne pouvait en contenir un plus grand nombre. On
verra dans cet écrit comment quatre autres furent recueillis sur les glaces, et comment j'ai
été avec mes deux compagnons arraché à la
mort... Cinquante ont péri.

Je coulai avec l'équipage, mais bientôt je revins sur l'eau, et la Providence permit que je
trouvasse, tout près de moi, deux morceaux de
bois attachés l'un à l'autre. Sur ce frêle asile
était le matelot Polier. Je m'y place à côté de
lui. En vain nos regards, cherchant quelque
moyen de salut, plongent de toutes parts sur le
lugubre espace qui nous entoure ; ils ne décou-
vrent que des flots sombres et peu agités. Re-
venus du fond de l'abîme, notre perte n'était
donc retardée que pour devenir plus cruelle.

Cependant nous aperçûmes bientôt une glace plate. Nous nous dirigeâmes vers elle. Après de longs et pénibles efforts nous abordâmes.

J'avais pour tout vêtement une chemise de laine, un pantalon, mes bas et mon chapeau, que j'avais eu le bonheur de retrouver en revenant sur l'eau.

Mon malheureux compagnon n'était pas mieux vêtu. Il n'avait rien pour couvrir sa tête.

Ainsi nous nous trouvions presque nus, à demi gelés, affaiblis, livrés aux plus affligeantes idées. Nous restâmes quelque temps immobiles sur notre glace; mais, ayant confiance en Dieu, et ne voulant pas nous laisser lâchement abattre par le malheur, nous nous mîmes à marcher avec autant de vitesse que notre misérable état le permettait; nous ne pûmes parvenir à rappeler la chaleur.

La brume, le verglas et la nuit vinrent mettre le comble à nos maux. Le froid était si pénétrant que, pour n'être pas entièrement gelés, il nous fallut marcher toute la nuit. Déjà nous sentions vivement l'aiguillon de la faim.

Le matin, dans une éclaircie, nous aperçûmes quatre hommes à une grande distance, et un autre beaucoup plus près de nous. Cela nous fit plaisir. Il semble que les maux deviennent moins pesants quand ils sont partagés par quelques-uns ds nos semblables. Bientôt le temps se couvrit et nous déroba la vue de nos compagnons. Nos regards restaient toujours fixés sur le point où ils étaient. Vers les neuf heures du matin, le temps redevint plus clair. Un bâtiment à trois mâts, nous apparut dans les mêmes parages.

Nos yeux, attachés sur ce bâtiment, le suivaient avec anxiété. Il s'approcha, diminua ses voiles, fit la manœuvre nécessaire pour sauver les quatre malheureux.

Il nous semblait déjà partager leur bonheur. Notre cœur bondissait de joie, l'espérance rayonnait sur nos fronts. Intimement persuadés qu'on nous voyait, nous regardions notre délivrance comme certaine. Nous bénissions Dieu de nous avoir envoyé ce vaisseau sauveur. Nous avions à grand'peine planté dans la glace un aviron dont nous nous étions saisis le jour du naufrage. Nous avions placé sur cet aviron mon chapeau et ma cravate, que nous agitions afin de nous faire plus facilement remarquer. Le malheureux qui était sur une glace, non loin de nous, faisait avec une planche un signal du même genre. Mais, hélas! notre espérance fut cruellement déçue. Au bout d'une demi-heure, le bâtiment mit ses voiles au vent, louvoya parmi les glaces et s'éloigna de nous, cherchant vainement à sauver d'autres victimes.

Toute la journée le bâtiment resta à notre vue. Nos efforts pour nous en faire apercevoir et pour nous rapprocher de l'homme qui n'était pas éloigné de nous furent également inutiles. La brume et la nuit vinrent. Le bâtiment sur lequel reposaient de si vives espérances de salut disparut entièrement : alors, comme un poids immense qui a été un moment soulevé, la douleur et le désespoir retombent sur notre cœur et nous plongent dans un morne et affreux silence. Enfin mon compagnon l'interrompit par ces mots simples, mais prononcés d'une voix si triste qu'il me perça le cœur : « Ah! M. Houiste, plus d'espoir... Il nous faut donc périr de froid et de faim, moi qui étais si heureux chez le maître que je servais depuis plusieurs années... » J'essayai de ranimer un peu le courage de mon compagnon et de lui donner quelques motifs d'espérance que je ne partageais pas moi-même.

Nous passâmes cette nuit et la suivante sous la pluie et le verglas, transis de froid, tourmentés horriblement par la faim, d'autant plus accablés que nous avions été près d'être arrachés à notre épouvantable situation. Dieu seul, en qui nous mettions notre confiance, pouvait nous soutenir au milieu de si terribles épreuves.

Nous ne cessions de porter autour de nous des regards avides, dans l'espérance de trouver à notre portée quelque chose qui pût servir à notre nourriture. Le jour, la faim était le plus grand de nos maux. La nuit, c'était le froid. Il ne nous permettait pas de prendre un instant de repos.

Ce même jour, la brume se dissipa, et nous aperçûmes les débris de *la Nathalie* et le même homme que nous avions cherché à joindre le 30 mai. Parmi ces débris, je distinguai, à environ cent pas de nous, une cage à poules. Tout près de nous était une petite glace capable à peine de porter un homme. Je me hasardai à **y** passer, et avez le couteau de Potier j'y fis une entaille pour placer notre aviron. Alors la glace me servit comme d'un canot pour aborder les débris. Je visitai ainsi beaucoup de petits barils. Il se trouva que tous étaient ou défoncés ou débondés, et pleins d'eau de mer.

Je poursuivis ma route vers la cage à poules, et je parvins à la saisir. Elle contenait quatre poules noyées. A cette vue, ma joie fut inexprimable. Depuis notre naufrage nous n'avions eu pour nourriture que de petits morceaux de glace!...... Je mangeai ou plutôt je dévorai à l'instant une cuisse d'une de ces poules. Ce peu de nourriture me donna quelques forces et beaucoup de courage. Mon triste compagnon ne me quittait pas des yeux. Il vit que je mangeais : cela redoubla sa faim. Alors. les bras tendus vers moi, il me criait d'un ton lamentable : « Ah ! M. Houiste, de grâce, apportez-moi à manger. » J'avançai vers lui de toutes mes forces. Il ne cessait de répéter d'une voix altérée et presque éteinte : « Pour Dieu, M. Houiste, venez donc vite. » Nous fûmes bientôt réunis. Nous achevâmes de manger cette poule sans prendre le temps de la plumer. Nous tentâmes en vain d'avaler les plumes. Jamais nous n'avions fait un si délicieux repas....

Dans le cours de nos recherches, nous trouvâmes une barrique de cidre débondée : avec des efforts incroyables, nous réussîmes à la monter sur notre glace. Il y était entré de l'eau de mer ; mais cette eau ne s'était pas entièrement mêlée avec le cidre ; quand nous eûmes fait couler à peu près la moitié du liquide que contenait la barrique, le reste nous fournit une boisson supportable.

Une demi-heure après, environ à un demi-quart de lieue au vent à nous, nous découvrîmes une petite chaloupe. Nous tressaillîmes de joie. Cette chaloupe pouvait être pour nous un moyen de salut.

Nous montons sur une autre glace et nous abandonnons notre barrique, peu importante pour nous, car les morceaux de glace nous désaltéraient ; mais nos trois poules nous étaient trop nécessaires pour les oublier. Ne voyant pas les boyaux de celle que nous avions mangée, je demandai à Potier ce qu'il en avait fait. Il me répondit qu'il les avait jetés à la mer. Cela me mit en colère. Je lui reprochai vivement cette faute, ou plutôt cette irréflexion.

Afin d'avoir des clous, nous ôtions les cercles des bouts de chaque barrique que nous rencontrions. Comme je savais qu'il fallait deux fausses pièces à la chaloupe, j'arrachai deux douvelles d'une de ces barriques. Nous atteignîmes enfin la chaloupe. Elle était entre deux eaux. Quand nous y fûmes entrés, nous avions l'eau à la ceinture. Alors le pont sur lequel j'appuyais l'aviron s'élevait seul au-dessus de l'eau. Dans cet état, un léger poids de plus aurait fait couler cette chaloupe à fond. Je la dirigeai vers le malheureux que nous voyions seul, sur une glace, éloigné de nous d'environ une demi-lieue.

Potier ne savait pas godiller, c'est-à-dire conduire un bateau avec un seul aviron placé à la poupe. C'était donc toujours à moi de ramer. Comme cela me fatiguait beaucoup, je conçus le projet de rendre la chaloupe navigable. A cet effet, je pris un bout de funin qui était dans la chaloupe, je le coupai en deux et l'amarrai au banc, afin de tourner la chaloupe la quille en haut et d'y placer la fausse pièce. Malgré des efforts inouïs, nous ne pûmes en venir à bout. Nous nous remîmes dans la chaloupe, et je continuai de la diriger.

Un baril de beurre défoncé passa tout près de nous. C'était un objet d'un prix inestimable pour notre nourriture et pour étancher la fausse pièce. J'exhortai Potier à le saisir. Il le fit; mais bientôt il me dit qu'il ne pouvait le tenir plus longtemps, ayant beaucoup de peine à se tenir lui-même. A ma prière, il prit un peloton de ce beurre et lâcha ce baril qui nous aurait été si utile si nous eussions pu le conserver. Peu après, Potier, qui était toujours sur le devant de la chaloupe, sauva une casquette que je reconnus être celle de notre capitaine. C'était un bonheur pour Potier, qui jusqu'à ce moment était resté la tête nue.

Après une heure et demie de travaux sans relâche, nous abordâmes enfin la glace du malheureux que nous voulions joindre. C'était Julien Joret, matelot de notre équipage. Son état était déplorable; un morceau de poule que je lui donnai lui rendit quelques forces. Cette nourriture et le bonheur de se trouver avec nous le ranimèrent. Ignorant sur quoi nous étions portés, il ne savait comment nous avions pu arriver jusqu'à lui; nous lui apparaissions comme des êtres envoyés par miracle. Mais quand il vit que nous étions sur la chaloupe de *la Nathalie,* quand je lui eus assuré que nous avions, avec son secours, la presque certitude de la mettre à flot, sa joie fut au comble. Ce--

pendant ce travail était bien difficile pour nos
forces épuisées. Durant plus d'une demi-heure,
nous nous trouvâmes, Potier et moi, dans l'im
puissance de nous mouvoir. Nos jambes et no
cuisses étaient engourdies par le froid et la fatigue, nous ne les sentions plus. Nous eûmes
bien de la peine à nous mettre debout. Enfin
nous réussîmes à marcher peu à peu et à rappeler un peu de chaleur.

Il se rencontrait sur la glace de Joret plusieurs chemises et une petite chaudière. Il nous
apprit que, le 20 mai, un coffre avait été poussé
près de lui, qu'il avait eu le bonheur de l'arrêter, mais que la mer trop rude en ce moment
ne lui avait pas permis de le vider entièrement.
Cependant le froid qui nous glaçait, Potier et
moi, avait un peu diminué. Réunissant tous
trois nos forces, nous hâlâmes la chaloupe le
long de notre glace. L'eau, devenue un peu
moins trouble, nous permit de voir au fond de
cette chaloupe une veste et le petit marteau du
charpentier. Cette découverte nous causa un
grand plaisir. Cette veste et ce marteau étaient
pour nous d'une valeur inappréciable. On ne
saurait s'imaginer avec quelle avidité on saisit,
dans un extrême danger, les moyens que l'on
croit susceptibles de contribuer quelque peu à
adoucir la rigueur du froid contre lequel on
lutte. Je déposai sur la glace ces précieux ob-

jets, et nous travaillâmes à tourner la chaloupe
la quille en haut. Cette opération exigea les
plus grands efforts. Monté sur la chaloupe, je
pris la mesure de la fausse pièce; et, après
l'avoir tracée sur une des douvelles de la barrique, je chargeai Joret, qui avait un peu moins
froid aux mains, de la tailler avec son couteau.
Pendant que Joret s'occupait de ce travail, Potier pétrissait la pelote de beurre ; et moi,
avec le petit marteau, j'arrachais d'une des
planches sauvées par Joret un clou d'environ
trois pouces. Tout étant préparé avec le soin
que nous pouvions apporter à cette opération à
laquelle nous attachions notre salut, je clouai
la fausse pièce, et afin qu'il restât moins d'ouverture pour le passage de l'eau, je mis une des
manches de la veste à servir de frise. Avec une
des chemises de Joret j'essuyai la fausse pièce, et
j'y appliquai la pelote de beurre. Ensuite nous
retournâmes la chaloupe et nous la poussâmes
à la mer. L'eau pénétrait encore, mais notre
chaudière nous servait à l'épuiser.

A peine notre chaloupe était à flot que nous
eûmes connaissance de la terre, à une distance
d'environ dix lieues. Je reconnus que c'était
Belle-Isle et Groays. A cet aspect, l'espérance
augmente et la joie rentre dans nos cœurs.

Une brise légère soufflait du sud-ouest ; jusqu'au 2 juin nous continuâmes à nous diriger

vers la terre. Ce jour-là, nous n'étions plus qu'à quatre lieues de Groays, quand sur les dix heures du matin nous fûmes renfermés dans les glaces. Il nous restait pour tous vivres deux poules et demie!...

Vers cinq heures du soir la brume nous reprit; quatre jours se traînèrent dans cette douloureuse situation; nous vivions avec une prodigieuse économie. Pas un os n'était mis de côté. Avec une cuisse, une aile, ou la carcasse, qu'un de nous partageait en trois, nous faisions deux repas par jour! Je proposai à mes compagnons de prendre chacun le morceau qui leur convenait.

Lorsque nos portions étaient faites pour un repas, nous cachions avec soin, dans l'arrière de la chaloupe, le reste de nos vivres, de crainte de céder au désir d'y toucher trop tôt.

Celui de nous qui se trouvait avoir la patte, la mangeait jusqu'aux ergots. Les deux premiers jours, Potier ne pouvait avaler les os. Après les avoir bien mâchés, il nous les donnait à Joret et à moi, qui les avalions sans peine; mais le troisième jour il nous fallut réduire de moitié notre chétive portion; alors Potier mangea aussi les os, et nous fûmes privés de ce précieux supplément!.....

Je m'arrête pour reposer mon cœur, qui se soulève encore en retraçant des détails si tris-

tes et si dégoûtants. Eprouva-t-on jamais une
misère aussi épouvantable?.... Cependant cette
misère devait s'aggraver encore !....

Le 6 juin, vers onze heures du matin, le
temps s'éclaircit un peu, et nous découvrîmes
une trentaine de navires près de la *banquise*, à
environ deux lieues à l'est de nous. Aurons-
nous le bonheur d'être aperçus de ces bâtiments? Nous délibérons sur ce qu'il nous con-
vient de faire. La chaloupe sur laquelle nous
avions tant compté faisait corps avec les glaces.
Il nous était désormais à peu près impossible
d'en tirer parti. D'un commun accord nous résolûmes de tenter de nous rendre à bord par la
voie des glaces qui nous paraissaient s'allonger
jusqu'auprès des bâtiments. Nous plantâmes
dans notre chaloupe, que nous abandonnions à
regret, notre aviron surmonté d'une chemise,
afin de pouvoir la retrouver si nous n'étions pas
sauvés par quelque navire.

Les pieds de nos bas étaient complètement
usés. Nous coupons en trois bouts ce qui en
restait, afin d'envelopper nos pieds en fixant
chaque bout de bas au moyen de plusieurs fils
de caret que nous avions décordés d'un bout
de funin. Pour mieux défendre nos jambes,
nous lions aussi nos pantalons à l'extrémité
inférieure. Il était nécessaire de soutenir nos
forces défaillantes ; nous mangeons une moitié

de poule; c'était tout ce qui nous restait......
Après avoir fait ces dispositions, et nous être
recommandés à Dieu, nous nous mîmes en
route, munis des deux petites planches qui
nous servaient comme d'un pont pour passer
d'une glace sur l'autre. Les glaces assez unies
nous offraient une route qui n'était pas trop difficile. Nous ne marchions cependant pas bien vite; nous étions si affaiblis! nous avions déjà
tant souffert!......A mesure que nous avancions,
notre courage croissait avec l'espérance. Nous
commencions encore une fois à entrevoir notre
salut. Mais, arrivés à peu près à moitié de la distance qui nous séparait des bâtiments, ô malheur
qui ne peut se décrire! un fort vent du nord-ouest
souffle, divise, détache et éparpille toutes les
glaces..... Notre sort est devenu plus affreux.
Nous ne pouvons ni avancer vers les bâtiments,
ni rejoindre notre chaloupe. Alors, navrés de
douleur, nous montons sur une grosse glace
qui était près de nous; de là, avec nos crava-
tes, nous faisions des signaux. Hélas! tout fut
inutile.

Depuis huit jours, nous n'avions eu pour
soutenir notre déplorable vie que quatre poules noyées... Il ne nous restait plus rien...
Dans ces parages, on voit communément des
loups marins sur les glaces, où ils marchent ou
plutôt se traînent avec assez de lenteur. J'en

avais souvent aperçu dans les dix campagnes que j'avais faites précédemment à Terre-Neuve. Si nous eussions eu le bonheur d'en rencontrer, armés de nos planches, il nous eût été facile de les tuer. Il ne s'en présenta pas.

Ainsi, privés de toutes ressources, abandonnés de toute la nature, dévorés par la faim, demi-morts de froid, le désespoir s'empara de nous.... Les yeux égarés, la bouche ouverte, nous nous regardions en silence...... Cette scène d'angoisse inexprimable dura une heure.... Nous invoquâmes Dieu, cela nous fit du bien. Nous nous abandonnâmes avec confiance à la Providence.

Pour empêcher nos pieds de se geler complètement, nous les tenions dans une agitation continuelle. Quand la fatigue nous forçait de cesser ce mouvement, je m'asseyais sur une de nos planches, vis-à-vis un de mes compagnons, et je portais mes pieds sous ses aisselles, en même temps que les siens ce cachaient sous les miennes.

Le même jour (6 juin), sur les dix heures du soir, la brise du nord-ouest faiblit. Les vents du large revinrent et amenèrent la brume et la pluie. La glace à laquelle nous étions comme enchaînés était presque ronde, et si peu étendue, que nous pouvions à peine y faire cinq à six pas. Sur cet étroit théâtre, la nuit fut affreuse. Quand enfin le jour reparut, mes deux compagnons avaient les extrémités des pieds noires et gelées.

Le besoin de sommeil devenait tout-à-fait invincible. Pour y céder, nous nous asseyions sur nos deux petites planches. A peine commencions-nous à dormir, que nous tombions, et l'eau fondue autour de nous par la chaleur de notre corps se gelait et nous forçait de nous réveiller.

Cette déchirante situation se prolongea durant quatre jours.

Le 10 juin, j'observai avec une extrême douleur que nous n'étions plus sur le passage des navires. Nous avions été portés au moins à six lieues dans le sud. Il nous fallait donc renoncer tout-à-fait à l'espoir d'être sauvés par quelque bâtiment. La terre avait reparu à nos regards sur les deux heures du matin. Les glaces nous semblaient serrées jusqu'à la côte. Je dis à mes compagnons qu'il valait mieux mourir en marchant et en tentant les derniers efforts, que de rester sur cette malheureuse glace, où nous ne pouvions désormais attendre qu'une mort inévitable et prochaine. Ils m'approuvèrent, comme ils l'ont toujours fait. Nous prîmes nos deux petites planches, et nous commençâmes notre route vers la terre, dont nous étions éloignés d'environ dix lieues. Il m'est impossible de donner l'idée de tous les tourments éprouvés dans ce cruel trajet, qui dura trois jours.

Nous marchions depuis deux jours; nos blessures, aigries par l'eau de la mer, nous causaient des douleurs atroces. Nous étions au 12 juin; nous crûmes que ce jour-là serait le dernier de notre vie. A une demi-lieue de terre les glaces nous manquèrent... Jusque-là il nous était resté quelque espoir; à ce moment il s'évanouit tout-à-fait. Sur notre glace s'arrondissait une voûte en forme de champignon. Nous nous jetâmes sous cette voûte; mes deux compagnons languissaient étendus sur la glace, adossés l'un contre l'autre. Pour moi, je m'étais assis; la tête appuyée dans les mains, l'âme gonflée de tristesse, accablé de désespoir, je priais Dieu de nous délivrer de la vie.

Bientôt cependant ce sentiment qui s'éteint le dernier dans l'homme, le désir de sa conservation, se réveille, et nous détermine à faire de nouveaux efforts pour échapper à la mort près de nous frapper.

Les vents du large s'étaient levés et avaient poussé les glaces plus près de la côte. Cela nous rendit un peu de courage. Au milieu des souffrances que nous avions pu supporter, mais que nous ne saurions exprimer, nous continuâmes à marcher vers la terre. Nous la

touchions presque cette terre tant désirée. A
peine un quart de lieue nous en séparait....
Mais, ô ciel! ce quart de lieue était une mer
sans glace...

Nous fûmes atterrés, le désespoir revint. Nos
regards se portèrent tristement vers le ciel, et
nous nous dîmes adieu. D'une voix presque
éteinte, nous prononcions nos derniers regrets.
Il est si dur de mourir loin des lieux qui nous
ont vu naître, loin de nos parents et de nos
amis !... Le souvenir de ma jeune épouse, que
je quittais pour la première fois depuis notre
union, me poursuivait sans cesse et ajoutait
un nouveau poids à mes maux.

La Providence qui veillait sur nous me rap-
pela à moi-même, me redonna quelque lueur
d'espérance, et m'inspira un idée salutaire.
Une petite glace était près de nous : « Courage,
dis-je à mes compagnons, encore plus abattus
que moi : courage, mes pauvres amis ; tâchons
de monter encore sur cette glace, et là nous
allons nous abandonner à ce qu'il plaira à
Dieu. »

Mes compagnons me suivirent, et nous vînmes à bout d'atteindre cette glace. Avec nos
petites planches nous la dirigeâmes assez heureusement vers la terre. Mais, ô douleur! cette
nacelle de neige gelée se divise en deux morceaux..... Un de mes compagnons était sur un

de ces morceaux, à moitié dans l'eau, près de
périr. Nous serrons vite nos planches sous nos
aisselles, et le saisissons par les mains. Nous
tenant ainsi tous les trois en forme de cercle,
nous eûmes le bonheur de nous maintenir sur
notre glace fendue, que nous faisions pénible-
ment mouvoir en la poussant de nos pieds, ap-
puyés contre les aspérités dont elle était hérissée. Dans cette périlleuse situation, nous
abordâmes une autre glace; nous en changeâ-
mes quatre fois dans cette journée. Enfin les
dernières difficultés furent surmontées, et nous
atteignîmes la terre. C'était le 13 juin, vers les
cinq heures du soir.

Nous la touchions donc, cette terre que nous
appelions de tous nos vœux, où nous tendions
de toutes nos forces, cette terre que nous regardions comme le terme de nos maux...
Hélas! que nous nous abusions... Accablés de
tout ce que nous avions souffert, nous tombâmes
sur l'herbe. Nous prîmes un peu de repos. Nous
avions la confiance que le sommeil nous ferait
du bien. Il en arriva bien autrement; le réveil
fut terrible. Le malheureux Joret était aveugle...... ni lui ni Potier ne pouvaient faire aucun mouvement. Par bonheur, j'avais un peu
plus de courage et de force. Je me traînai sur
les genoux et les coudes vers le *plain,* où je
trouvai des moules dont je remplis mon cha-

peau. Quoiqu'il n'y eût qu'une vingtaine de pas, j'eus bien de la peine à les rapporter. Nous dé vorâmes ces moules avec une avidité inconcevable; nous avalions jusqu'aux écailles. Depuis sept jours nous ne vivions que de glace.

Cependant les plus tristes réflexions viennent nous assaillir. Nous ne pouvons aller au loin chercher des secours; d'ailleurs cette côte était-elle habitée? N'avions-nous pas à craindre les bêtes sauvages, surtout les ours, communs dans cette contrée? Quel moyen de nous défendre de leurs attaques? Nous n'avions donc fait que changer de danger... Des copeaux et des morceaux de biscuit que je vis passer sur la mer, le long du rivage, vinrent bientôt m'arracher à ces sombres pensées et m'apporter une indicible joie.

L'infortuné Jorct ne pouvait se remuer; il ne pouvait pas même aller à une mare à six pas de nous. Je m'y traînai, et je lui apportai de l'eau dans mon chapeau. Après avoir fait à peu près cinquante pas, je tombai d'épuisement.

Je me ranimai, afin de revenir mourir près de mes compagnons. Il me semblait que la mort me serait moins amère si je la recevais à leurs côtés. Ensemble nous avions souffert, ensemble nous devions mourir.

Avant de rendre le dernier soupir, je voulais écrire nos noms sur une pierre. Peut-être seraient-ils découverts et transmis à nos familles. Nous ne pouvions pas même jouir de cette triste consolation. Mes mains étaient tellement paralysées, qu'elles ne me permettaient pas de tenir un couteau.

Le lendemain 17 fut un jour de bonheur. Le temps devint beau. Pour la première fois nous ressentîmes une chaleur bienfaisante. Joret recouvra la vue. Ce fut lui qui, le premier, aperçut, vers les quatre heures du soir, sur la baie où depuis le matin nos regards étaient toujours fixés, une goëlette anglaise qui longeait la côte. Notre cœur se rouvrit à l'espérance. Je parvins à me mettre debout, et j'engageai mes compagnons, qui ne pouvaient plus se lever, à crier de toutes leurs forces avec moi. Nos cris égalaient à peine ceux d'un enfant; ainsi les Anglais ne pouvaient nous entendre; mais ils nous aperçurent. Nous les vîmes s'embarquer dans leur petite chaloupe et se diriger vers nous. Je n'essaierai pas de dire quelle fut notre joie; c'était une ivresse, un transport, un délire au-delà de toute expression. Nos cœurs, si longtemps et si douloureusement affectés, se fondaient... Enfin nous versâmes d'abondantes larmes !

A mesure que nos sauveurs s'approchaient, ils ramaient avec plus de force. La peine que nous avions à nous traîner vers le rivage leur faisait déjà comprendre que nous étions dans la plus affreuse détresse. Aussitôt qu'ils eurent abordé, trois d'entre eux s'élancent de la chaloupe, et nous prennent dans leurs bras pour nous embarquer. Ces bons Anglais pleuraient comme des enfants. Nous étions aussi dans un état tout-à-fait digne de pitié. Couverts de plaies, à demi nus, décharnés, les yeux caves et presque éteints, à peine conservions-nous un reste de figure humaine. On eût dit des cadavres arrachés du fond des tombeaux.

Le capitaine anglais nous porta dans le havre de Fourché, sur le bord duquel nous étions, et nous remit à une habitation française. Là j'éprouvai un sentiment bien pénible. La plume me tombe des mains. Des Anglais nous avaient accueillis avec tant de bonté, et des Français, indignes de ce nom, si justement illustré par tous les sentiments nobles et généreux, ne nous témoignaient que de l'indifférence. Je ne nommerai pas le capitaine et son chirurgien, ce serait appeler sur eux le mépris et l'indignation. Je les plains d'avoir étouffé dans leur cœur cette sensibilité si naturelle et si française, qui porte l'homme à compatir aux souffrances de ses semblables, alors surtout que l'on est témoin de leur horrible détresse.

Le 19 juin, nous partîmes de Fourché. Peu après, le capitaine anglais me fit apercevoir un

brick français, que je reconnus être *la Bonne-
Mère*, de Granville. A ma prière, le bon capitaine anglais me fit mettre à bord. Deux hommes du brick me donnaient la main pour m'ai-
der à monter. Ils me recevaient croyant que
j'étais un Anglais malade; mais bientôt un
d'eux me reconnaissant, s'écria : C'est le *second
de la Nathalie!* A ce mot tout l'équipage de *la
Bonne-Mère* poussa des cris de joie. Je m'em-
pressai de dire à M. Helain, armateur de ce
navire, que deux compagnons d'infortune, encore plus malades que moi, étaient sur la goëlette anglaise. Aussitôt M. Helain envoya avec
son médecin des hommes pour les apporter à
son bord. Ainsi nous quittâmes le généreux
Anglais à qui nous devions la vie. Son nom est
Witheway, capitaine de la goëlette *les Frères
de Saint-Jean.* En nous séparant de lui, nous
versions des larmes de reconnaissance.

Nous devons aussi une vive reconnaissance
au digne M. Helain, à son médecin et à tout son
équipage. Nous avons reçu avec surabondance,
sur son bâtiment, tous les secours que récla-
mait notre situation. Nous y avons été constamment traités avec une affectueuse amitié.
Helain, Witheway, vous nous avez prouvé qu'il
est des hommes dont la conduite honore l'humanité. Que l'estime universelle, que la protec-
tion du ciel soient à jamais votre partage!

Enfin nous avons été rendus à nos familles avec une santé délabrée, un estomac ruiné, une constitution altérée. L'excellente nourriture que nous trouvions sur le bâtiment de M. Helain me rétablit lentement. Au bout de quelques jours, j'éprouvai un affaiblissement, un anéantissement complet de mes forces physiques. Il me survint un dépôt à la tête, causé probablement par l'usage de l'eau de glace.

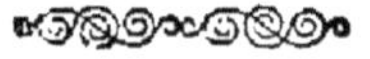

NAUFRAGE DE LA CORVETTE FRANÇAISE
L'URANIE.

L'expédition de la corvette l'*Uranie*, qui dut naissance aux loisirs de la paix rendue à la France par le retour des Bourbons, en 1816, suivit de près le voyage et le drame de la *Méduse*, et faillit se terminer aussi par un grand malheur.

Son but, du reste, était scientifique.

Il s'agissait d'expériences de physique plutôt que de découvertes.

M. de Freycinet, capitaine de vaisseau, avait le commandement de l'*Uranie*, que l'on avait équipée avec toutes les précautions que prescrit un long et périlleux voyage. Secondé par des savants et des naturalistes de la plus haute distinction, M. de Freycinet, qui amenait avec lui sa jeune femme sans crainte des dangers qu'elle allait affronter et des fatigues d'une longue navigation qu'elle allait endurer, mit à la voile de Toulon, le 17 septembre 1817.

Les vents contraires forcèrent l'expédition à relâcher à Gibraltar.

Il arriva ensuite aux Canaries le 22 octobre. Assurément l'île de Ténériffe, avec son haut pic et son curieux volcan, était un lieu propre aux observations : mais il ne fut permis à M. de Freycinet de descendre à terre qu'après une longue quarantaine : il préféra faire voile pour le Brésil.

En effet, l'*Uranie* entra, dans la nuit du 6 décembre, dans le port de Rio-Janeiro, et n'en ressortit que le 29 janvier 1818. Ce fut dans cette relâche que l'on se livra aux premiers travaux confiés à l'expédition.

L'*Uranie* toucha ensuite au cap de Bonne-Espérance, en traversant tout l'océan Atlantique de l'ouest à l'est, puis à l'Ile de France, que les traités de 1815 venaient de nous enlever, et qui était devenue anglaise sous le nom d'Ile Maurice.

Là, le capitaine de Freycinet, avec l'autorisation des représentants de l'Angleterre, dressa un observatoire où l'on continua les études commencées à Rio-Janeiro, qui précisément se trouve sous la même latitude, bien qu'à plus de 100° de longitude de distance.

Alors l'expédition francaise se rendit directement sur les côtes de la Nouvelle-Hollande, et atteignit la baie des Chiens-Marins, de Dampier, dont les rivages n'offrent que d'immenses déserts de sable, sans aucune sorte de végétation.

Après un court séjour sur cette terre de désolation, on mouilla, le 23 octobre, dans la baie de Coupang, à Timor, où les Portugais jadis avaient un fort, que les Hollandais prirent sur eux en 1613. Les habitants étaient alors occupés aux préparatifs d'une guerre que les Hollandais allaient entreprendre contre un radjah de Timor, ce qui rendait les vivres si rares et si chers que l'équipage eut beaucoup de peine à s'en procurer.

La corvette remit à la voile cinq ou six jours

après, assez mal approvisionnée, et avec plusieurs hommes malades de la dyssenterie. Le calme et les vents coutraires la retinrent longtemps entre l'île de Timor et celle d'Ombay, dont les noirs habitants sont très féroces et anthropophages.

Enfin l'*Uranie* fut pourvue de vivres frais et abondants, en faisant relâche à Dilly, un des grands établissements du Portugal, sur la côte septentrionale de Timor. M. de Freycinet y reçut l'accueil le plus flatteur du gouverneur, don José Pinto. Dèslors le bâtiment put s'acheminer vers le sud de l'Océanie.

Elle rencontra sur sa route plusieurs pirogues armées, qui appartenaient au *kimalaka* ou chef de l'île Guébé. Ce kimalaka vint à bord de la corvette et y passa tout un jour. Il fournit au capitaine de nombreux détails sur son pays et ses expéditions maritimes, et il le pressa beaucoup de visiter Guébé, où il l'assura qu'il trouverait un port excellent, une aiguade facile et des rafraîchissements. Mais le capitaine français ne pouvant se rendre à son désir, le kimalaka lui fit entendre qu'il irait le visiter avec son frère, à l'île Waighiou, où les Français, ayant laissé de bons souvenirs, devaient être bien accueillis par les naturels.

L'*Uranie* courut quelques dangers dans le mois de décembre, en traversant les détroits qui séparent les nombreux archipels de cette partie du globe. Les courants, la saisissant pendant la durée d'un calme, la poussèrent sur des bas-fonds. Ses ancres la retinrent heureusement jusqu'au moment où des vents favorables lui permirent de les relever et de vaincre le courant à force de voiles.

L'ancre fut de nouveau jetée, le 16 décembre, sur la côte de l'île Rawak, au nord de Waighiou. Aussitôt les savants de l'expédition firent élever un observatoire, dans l'une des positions les plus favorables qu'on put trouver pour les observations du pendule. On était perpendiculairement sous l'équateur, à une minute et demie de latitude sud. Après un certain séjour sur cette côte, les Français se disposaient à quitter leur mouillage, lorsque tout-à coup ils entendirent une musique de tam-tams, de tambours, de timbales et d'autres instruments : presque en même temps, ils découvrirent, à la pointe de l'île, la flotte du kimalaka de Guébé, qui, selon sa promesse, venait rendre visite à l'expédition française et à son capitaine. Le kimalaka était accompagné de ses fils et de ses frères, au nombre de huit, se distinguant tous, aussi bien que lui, par leur bonne mine et leur physionomie spirituelle. La cour de Guébé demeura à bord jusqu'au départ de la corvette, qui eut lieu deux jours après.

Enfin l'*Uranie* mouilla à Guam, la plus méridionale des îles Mariannes, où son équipage se rétablit entièrement, par suite des excellents soins du gouverneur de l'Archipel, don Jose de Medinello y Pineda.

De Guam l'expédition se rendit à l'archipel des îles Hawaï ou Sandwich. L'*Uranie* fut en vue d'Owhyée le 5 août 1815. Malheureusement pour nos navigateurs, le chef de ces îles, Tamaamaha, venait

de mourir, et en signe de deuil on avait tué tous les
cochons de l'archipel, circonstance très fâcheuse
pour la corvette, qui avait besoin d'être ravitaillée.
D'autre part, le successeur du chef défunt, Rio-Rio,
avait un ministre, Karai-Mokou, qui demanda à recevoir le baptême. Le chef vint en faire la demande
à bord. Il était accompagné de ses femmes et d'une
suite nombreuse. La cérémonie se fit sur le pont de
la corvette, avec toute la pompe possible. Ce fut
l'abbé de Quelen, cousin de l'archevêque de Paris
en ces jours, qui donna le baptême, auquel assis-
taient toute la famille du chef et ses principaux officiers. Les femmes étaient dans leurs plus bril-
lants atours de négresses, et elles furent frappées
surtout du costume splendide du chapelain et de
la beauté de l'image de la sainte Vierge, qui était
placée sur l'autel. L'équipage de l'*Uranie* et tout
l'état-major de M. de Freycinet étaient revêtus de
leurs riches uniformes. Quant au chef Rio-Rio, il
demeura assis pendant la messe, et fuma sa pipe
avec un sang-froid sans pareil.

L'expédition gagna ensuite le port Jackson de la
Nouvelle-Hollande. On y travailla de même selon
le programme confié aux études des navigateurs.
M. Macquarie, gouverneur de la colonie anglaise,
se montra pleins d'égards pour les Français.

Le 20 janvier 1820, la corvette doubla la pointe
méridionale de la Nouvelle-Zélande. Elle eut alors
des vents favorables qui la portèrent rapidement
sur les côtes de la Terre de Feu, dans l'hémisphère
occidental. Cette Terre de Feu fut reconnue le 5

février, à la hauteur du cap de la Désolation. Ces côtes présentèrent l'aspect le plus effrayant, et cependant on était en été dans ces parages.

L'*Uranie* avait doublé le cap Horn au milieu d'une tempête, et déjà à la hauteur des îles Malouines elle trouva une mer plus unie et des cieux plus sereins. Ce fut dans un moment où alors nul danger n'existait plus, et pendant qu'elle cherchait l'entrée de la baie des Français, sur les bords de laquelle, jadis, Bougainville avait créé un établissement français, que la corvette se trouva subitement arrêtée par les pointes d'un rocher.

C'était le 14 février.

La brise soufflait si fraîche et si douce que les perroquets étaient dehors. Aussi la secousse que le rocher imprima causa-t-elle d'abord plus de surprise que d'effroi. Dès qu'on eut touché, le cri général fut celui-ci :

— Aux pompes ! aux pompes !

Tout le monde y courut. Peine inutile ! l'ouverture faite au flanc de la corvette était trop large pour qu'on pût épuiser l'eau à laquelle elle donnait entrée. Il entrait plus d'eau dans ses flancs que dix pompes n'en auraient fait sortir. Douze heures se passèrent dans des travaux sans résultat et dans d'affreuses angoisses. Enfin le maître d'équipage monta sur le pont pour déclarer qu'il fallait renoncer à une fatigue infructueuse. La cale était pleine d'eau, le bâtiment allait sombrer.

Chose étrange ! cette nouvelle, au lieu de consterner les gens de l'équipage, appela le sourire sur

ses lèvres. Selon la méthode et le caractère français,
on y répondit par des quolibets.

Il était nuit cependant, et les ténèbres d'ordinaire font accueillir un événement d'une façon plus
sinistre et avec des pensées plus lugubres. La terre,
en outre, était à plusieurs lieues. On ne pouvait
que difficilement sauver les hommes, et on l'espé-
rait peu. Et cependant nos matelots riaient et de-
visaient sans soucis; ils faisaient le plus étonnant
échange de plaisanteries sur la mort, sur le plaisir
de boire à la grande tasse, et pour s'y préparer et
se mettre en goût, ils vidaient les bouteilles qui se
trouvaient à leur disposition. Jamais naufrage ne
trouva des victimes plus heureuses de leur sort.
Personne n'avait de terreur dans l'âme, pas même
la jeune femme du capitaine de Freycinet, qui avait
pris part à l'expédition avec ce courage, cet intérêt, cette curiosité qui signaleraient un homme d'é-
tude et désireux d'acquérir des connaissances.

M. Duperré, qui depuis s'est rendu fameux, était,
dans ce voyage, le second du commandant de Freycinet.

M. Duperré, nonobstant les ténèbres, alla à la
découverte du lieu le plus propice pour faire échouer
le navire, et l'ayant trouvé, il y remorqua la
corvette, qu'il fit abattre de façon que l'équipage
pût attendre sans danger le jour suivant. L'*Uranie*
se coucha donc sur le lit de rochers qu'elle ne devait plus quitter, et où on l'étaya avec le secours
le vergues.

Enfin, le jour parut, et avec lui apparut une

plage sablonneuse, à laquelle succédaient de larges plaines herbues monotones, infinies, tristes à voir, que sillonnaient à peine quelques cours d'eau et que capitonnaient des étangs. L'horizon était borné par de hautes montagnes arides. Mais pas un arbre, pas la moindre végétation ne se montrait ni sur les monts ni dans la plaine.

Tel était l'aspect des îles Malouines.

Cependant la position n'était plus tenable à bord. En se retirant, la marée avait contraint le bâtiment à s'incliner davantage, et la mer entrait et sortait par le sabord de la batterie. On dut se résigner à abattre les mâts, et il fallut aviser à se réfugier sur la terre ferme.

Auparavant, l'équipage fut employé à porter sur le rivage tout ce qui devenait indispensable pour un établissement. Mais la nécessité de réserver un grand nombre de bras au maniement des pompes fit que l'on ne donna pas autant de soins qu'il eût fallu peut-être au sauvetage des objets utiles. On dut alors faire de fréquents voyages à la corvette et on en tira tout le biscuit et toute la poudre. Comme on avait remarqué que l'île était abondante en gibier et qu'on y avait vu errer des chevaux, des bœufs et des porcs sauvages, provenant de ceux que jadis Bougainville y avait amenés de France pour les besoins de la colonie française qu'il avait fondée aux Malouines, on se réservait d'en faire la chasse et de tuer, pour la nourriture de l'équipage, tout ce qui se trouverait à la portée du fusil. En outre, la côte fourmillait de phoques, d'oiseaux

de mer, d'oies, de canards. De sorte que, à peine
fut-on débarqué, les matelots mirent à mort, dans
le voisinage d'un petit étang, un énorme et vieux
phoque, qui y passait ses derniers jours. Cet ani-
mal colossal ne pesait pas moins de deux mille livres; aussi fournit-il aux Français naufragés un
aliment gras et huileux qui fut de longue durée.
N'avait-on rien à manger? c'était dans cette masse
énorme que l'on taillait le menu du jour.

Enfin, tout fut disposé pour le campement. Fort
près de la plage, mais à l'abri de quelques dunes
de sable, et le long d'un petit ruisseau d'eau douce,
on dressa les tentes du commandant, de l'état-major et de l'équipage entier. On fit régner à terre le
même ordre que si l'on eût été à bord; les rapports
respectifs furent maintenus, la plus grande disci-
pline fut gardée, et l'on aurait pu se croire encore
sur l'*Uranie*.

Une fois installés, nos marins songèrent à se procurer des provisions, car les Français n'étaient pas
moins de cent. Aussi les chasseurs et les pêcheurs
se partagèrent les rôles. Comme je l'ai dit, le gibier
ne manquait pas, et on revenait chaque jour chargé
de butin.

Cependant, dans le campement, tout chacun
avait son travail. On était loin de rester oisif,
parce que chasseurs et pêcheurs s'aventuraient en
courses et en recherches. A terre, comme à bord,
chaque matin, la cloche appelait l'équipage au travail. Les uns s'empressaient d'aller arracher à la
corvette ce qui était nécessaire pour construire un

autre bâtiment; les autres préparaient la tourbe
qui devait servir à la cuisson des aliments. Char-
pentiers et ferronniers donnaient leurs soins au
pontage de la chaloupe, que, à la dernière extrémité, l'on devait envoyer vers le continent américain, en quête de secours. On songeait si sérieuse-
ment à cette entreprise bien difficile pourtant, que
l'on avait fait choix des matelots qui tenteraient l'a-
venture.

Malgré cette position difficile, les savants de l'expédition ne restaient pas oisifs et travaillaient, de
leur côté, à enrichir leurs études précédentes de
nouvelles découvertes en botanique, en zoologie, etc.

Ce fut en explorant les plaines herbues et les
collines chargées de plantes que M. Quoy, le médecin du bord, poussa ses investigations jusqu'au
village que Bougainville avait fait élever par les
colons français et qui avait reçu le nom de Saint-
Louis. On n'y voyait plus que des ruines; les maisons étaient debout encore, mais sans portes, sans
toiture. C'était à se sentir ému de douleur, car c'é-
tait un souvenir de la patrie, ce hameau désert!
Autour des chaumières, le docteur retrouvait ci et
là des plantes potagères de notre France et toutes
les traces d'une civilisation évanouie. M. Quoy, à
son retour, fut très étonné de voir, à quelque
distance du village, s'élever une colonne de fumée.
Il s'approcha et trouva un feu de tourbe allumé depuis plus de deux mois, par l'équipage d'un navire
anglais, ainsi que l'attestait une inscription écrite
sur la muraille de la dernière maisonnette. Le

terrain tourbeux brûlait peu à peu, et c'est ainsi que le feu s'entretenait depuis si longtemps.

.Hélas! l'hiver approchait, l'hiver avec son cortége de vents, de neiges, de frimas et de mauvais jours. Les hommes de la corvette n'étaient plus aussi philosophes qu'au moment du naufrage. Encore quelques mois, et peut-être de ces cent hommes bien vivants ne resterait-il plus que des cadavres! Déjà les pinguoins avaient dit adieu à leur île; les phoques commençaient à disparaître. Bientôt l'île ne pourrait plus suffire à nourrir autant de monde. La perspective était sinistre et les idées fort peu gaies. Qu'aucun navire ne paraisse sur ces côtes, et c'en est fait de tous les naufragés! Que l'on envoie la chaloupe à la découverte de l'Amérique; mais arrivera-t-elle jamais à une si grande distance? Je vous laisse à penser quel était l'effroi de nos infortunés compatriotes...

Enfin, un jour, jour béni! c'était le 15 avril 1828, une voix de matelot fait entendre le bienheureux cri : Une voile! une voile à la mer! Officiers et simples gens de l'équipage accoururent en hâte; en effet, un navire apparaît au large. Aussitôt la chaloupe est mise à la mer. On vogue avec rapidité, on atteint le vaisseau tant désiré. C'est un bâtiment américain, une goëlette en cours de pêche. On s'abouche avec le maître de la goëlette, on négocie l'achat de son embarcation.

Mais comme un bonheur n'arrive jamais seul, apparaît bientôt un autre navire américain, qui vient précisément à l'archipel des îles Malouines pour réparer une voie d'eau. On entre en pourparlers avec le capitaine, qui se charge de transporter à Rio-Janeiro l'équipage de la corvette et les produits de l'expédition.

En effet, tout fut prêt pour le départ, le 27 avril 1820.

On fit aussitôt voile pour les côtes du Brésil, où l'on toucha vers la mi-juin, à Rio-Janeiro.

Après une relâche dans ce port jusque vers la mi-septembre, le bâtiment américain fut acheté par M. de Freycinet, qui le pavoisa sous le nom de *Physicienne*, et l'expédition rentra au Havre, le 18 novembre 1820.

FIN.

Limoges. — Imp. Eugène ARDANT et Cie.